FICHA CATALOGRÁFICA

(Preparada na Editora)

Carrara, Orson Peter, 1960-

C31m *Morte* / Orson Peter Carrara. Araras, SP, IDE, 1ª edição, 2017.

224 p.

ISBN 978-85-7341-708-1

1. Espiritismo. 2. Psicografia. I. Título.

CDD -133.9
-133.91
-133.901 3

Índices para catálogo sistemático

1. Espiritismo 133.9
2. Psicografia: Espiritismo 133.91
3. Vida depois da morte: Espiritismo 133.901 3

FIM OU PASSAGEM?

MORTE

ISBN 978-85-7341-708-1
1ª edição - julho/2017
2ª reimpressão - março/2023

Copyright © 2017,
Instituto de Difusão Espírita - IDE

Conselho Editorial:
Doralice Scanavini Volk
Wilson Frungilo Júnior

Produção cultural:
Jairo Lorenzeti

Revisão de texto:
Mariana Frungilo Paraluppi

Capa:
César França de Oliveira

Diagramação:
Maria Isabel Estéfano Rissi

Parceiro de distribuição:
Instituto Beneficente Boa Nova
Fone: (17) 3531-4444
www.boanova.net
boanova@boanova.net

INSTITUTO DE DIFUSÃO ESPÍRITA - IDE
Rua Emílio Ferreira, 177 - Centro
CEP 13600-092 - Araras/SP - Brasil
Fones (19) 3543-2400 e 3541-5215
CNPJ 44.220.101/0001-43
Inscrição Estadual 182.010.405.118
www.ideeditora.com.br
editorial@ideeditora.com.br

Todos os direitos reservados. Nenhuma parte desta publicação pode ser reproduzida, armazenada ou transmitida, total ou parcialmente, por quaisquer métodos ou processos, sem autorização do detentor do copyright.

MORTE

ORSON PETER CARRARA

EDIÇÃO AMPLIADA E REVISADA

ide

MORTE

Dedico essa obra à Neuza, querida esposa e companheira sempre presente em minhas lutas, indecisões, conquistas, alegrias e dificuldades, com amor e gratidão, nesse verdadeiro hino à imortalidade que é a Doutrina Espírita.

O autor

*"A morte é apenas mudança ou retorno
de nós mesmos à vida espiritual,
a vida verdadeira."*

Francisco Cândido Xavier

"No Mundo de Chico Xavier", IDE Editora.

A morte não é nada

Santo Agostinho

*A morte não é nada. Eu somente passei
para o outro lado do Caminho.
Eu sou eu, vocês são vocês.
O que eu era para vocês, eu continuarei sendo.*

*Me deem o nome que vocês sempre me deram,
falem comigo como vocês sempre fizeram.*

*Vocês continuam vivendo no mundo das criaturas,
eu estou vivendo no mundo do Criador.*

*Não utilizem um tom solene ou triste,
continuem a rir daquilo que nos fazia rir juntos.
Rezem, sorriam, pensem em mim.
Rezem por mim.*

Que meu nome seja pronunciado como sempre foi,
sem ênfase de nenhum tipo.
Sem nenhum traço de sombra ou tristeza.

A vida significa tudo o que ela sempre significou,
o fio não foi cortado.
Porque eu estaria fora de seus pensamentos,
agora que estou apenas fora de suas vistas?

Eu não estou longe, apenas estou
do outro lado do Caminho...
Você que aí ficou, siga em frente,
a vida continua, linda e bela como sempre foi.

SUMÁRIO

Casos

1 - Camila 17
2 - Depoimento de amor 21
3 - Afeto espontâneo: Edmar Fratini Bovo 25
4 - Laís retornou 29
5 - Meu velho pai 35
6 - Zilda prosseguirá trabalhando 37
7 - Milton, Julinha e Miltinho 41
8 - Dona Maria 51
9 - Patrimônio da cidade 55
10 - O CELD e Altivo Pamphiro 61
11 - Uma voz do Além 65

Situações

12 - Morte Natural 75
13 - Acidentes 79

14 - Guerras 83
15 - Enfermidades 85
16 - Eutanásia e Pena de Morte 87
17 - Suicídio 91
18 - Homicídio 95
19 - Mortes coletivas 97
20 - Crianças 101
21 - Aborto 105

Temas

22 - Veste que apodrece 109
23 - Imortalidade da alma 115
24 - Claros fundamentos 121
25 - Para conforto do leitor 129
26 - Imortalidade 133
27 - Planejando uma encarnação 139
28 - Duas mensagens consoladoras 147
29 - Testemunho de mãe 155
30 - Céu e Inferno? Purgatório? 171
31 - Situações específicas: cremação, transplantes ... 177
32 - Velórios 181
33 - A contribuição dos Espíritos André Luiz e Emmanuel . 185
34 - Na morte 189
35 - Chico e Divaldo 193
36 - Sentimentos de perda 197
37 - Sempre o conforto 201
38 - Relacionando tópicos 205
39 - Chave do Céu 211
40 - Todo mundo vai morrer 217

Bibliografias e sugestões da Editora 221

CASOS

— *Existe a possibilidade de as pessoas se encontrarem após a morte?*

—*Tenho aprendido que todos aqueles que realmente se amaram reciprocamente, se encontram novamente, e num amor de nível superior, não no amor possessivo que nós habitualmente conhecemos.*

Chico Xavier

(Do livro *Entender conversando*, Ide Editora.)

Fim ou passagem? O tema *Morte* sempre provocou emoções, de medo, de perplexidade, de dúvidas. Por outro lado não deixa de ser um episódio doloroso, na inevitável separação que pode surgir bruscamente. Para oferecer conforto e a marcante orientação recebida da Doutrina Espírita, reunimos nessa obra *Casos, Situações* e *Temas,* todos com a orientação doutrinária apresentada pelo Espiritismo.

É que a ocorrência da desencarnação normalmente é motivação para lágrimas e sofrimentos, que muitas vezes encarceram vidas, face à incompreensão de sua naturalidade e especialmente pela patente realidade da imortalidade da alma. Ou seja, não há morte, apenas separação momentânea da convivência diante de um instrumento inutilizado pelo tempo ou por ocorrências que inviabilizam seu uso.

Acompanhe os casos que relacionamos.

Orson Peter Carrara

Capítulo 1

CAMILA

MUITO CONHECIDA ENTRE SEUS COLEGAS E MESMO POR pacientes do hospital, ela tinha um temperamento irritadiço. Descontrolava-se com facilidade, impaciente por natureza, mas muito competente profissionalmente. Apesar do comportamento, era respeitada até pela idade e pela experiência. Aposentou-se após décadas de profissão.

O tempo rolou inflexível. A idade avançada e agora a doença em estágio grave levaram-na à internação no mesmo hospital onde serviu durante tanto tempo.

O médico que a assistia já a conhecia dos tempos da ativa como enfermeira. Visitava-a diariamente nas alternâncias entre o quarto e a UTI.

Nos momentos permitidos pela lucidez, ela lhe manifestava suas preocupações com a morte próxima, que sabia inevitável. Entre os diálogos, perguntas sobre como seria a vida depois da morte. Seria ela recebida por alguém querido? Encontraria um campo florido por ambiente de recepção? Haveria mesmo vida após a morte?

O médico, espírita, falava-lhe das realidades da imortalidade. Ante perguntas diretas, respondia que seria recebida por alguém querido que a amava muito e que haveria muitas flores para recebê-la. Ela rebatia, relembrando os tempos idos de intolerância e rebeldia. Mas ele lhe discorria sobre o sofrimento sereno de agora, a resignação ativa e, principalmente, a mudança de caráter nos últimos tempos, especialmente de internação hospitalar. Eram encontros memoráveis para o coração do dedicado médico.

Numa tarde de sábado, foi chamado às pressas. A enferma possivelmente delirava e havia chamado seu nome. Ele chegou e pressentiu: eram os momentos finais.

Aproximou-se. Tocou-lhe o rosto. Ela, embora de olhos fechados, deixava que as lágrimas rolassem e dizia com emoção: *Ah, paizinho! Meu paizinho! Que felicidade! Obrigada por vir buscar-me.*

O médico julgou tratar-se de um delírio e falou-lhe: *Não, Camila, é o Dr. Jorge que está aqui, que fala com você! Não é seu paizinho.*

E ela respondeu, serena, ainda de olhos fechados e com a voz pausada: *Eu sei, doutor... eu sei... mas meu paizinho o acompanha, está ao seu lado e sorri para mim. E veio me buscar. Ah, eu... eu.... estou tão feliz!.... tão feliz!....*

E suspirou! Tombou a cabeça para o lado e partiu para a pátria verdadeira, agora acompanhada pelo pai, ser que a amava profundamente e que veio recebê-la...

Assim é a realidade da imortalidade da alma. Jamais são destruídos os laços de afeto entre os seres que se amam. E, igualmente, ninguém deixa de viver. A morte não existe. Somos seres imortais.

Capítulo 2

DEPOIMENTO DE AMOR

Família unida. Filhos, genros, noras e netos unidos na convivência do amor. Cinquenta anos de casados para o exemplar casal. Comemoração justa, feliz. Afinal, uma grande conquista.

Uma biópsia na esposa indicou, no entanto, uma cirrose hepática. Justamente ela, que nunca esteve enferma. Exames constataram hepatite do tipo "B". Quando descobriram, não havia mais remédio. Embora o tratamento imediato, tudo em vão...

Porém, os caminhos de Deus são sábios. A família toda pôde receber, através da enferma, as dádivas da harmonia e da serenidade pelos lábios da própria mãe e esposa querida. Com muita serenidade, no dia da comemoração das bodas de ouro, já hospitalizada, reuniu a família. Decidida, amorosa, confiante, pediu aos amores de sua vida que permanecessem unidos. Já ciente de que a enfermidade era irreversível, falou aos filhos, genros e noras que procurassem viver uma vida de amor, através da compreensão, da tolerância, da união, do respeito, mútuos...

Declarou, na presença de todos, que sempre tinha vivido em plena harmonia, não só consigo, como especialmente com todos que com ela conviviam. Emoção viva, forte, incomparável.

Por fim, dirigiu-se ao marido. Pediu que tirasse sua aliança. O marido, embriagado pela emoção, perguntou o que deveria fazer. Ela respondeu: - *Guarde-a*, em palavras vindas do coração, *pois a ti pertence. Para onde vou, não vou precisar dela...,* declarou.

O depoimento espontâneo, cheio de sinceridade e suavidade, amor e emoção de quem ama, calou a todos. Fez pensar sobre como uma mulher como aquela, valorosa pela vida exemplar que viveu, forte até nos momentos em que teve a oportunidade de reunir a família para praticamente despedir-se, poderia encontrar tanta força e serenidade? Como poderia lembrar, naquele momento, de deixar um testemunho daquela grandiosidade? Só mesmo alguém que tinha servido a Deus, nos deveres com a família, com tamanha magnitude poderia dar mostras de sua generosidade.

Naquele dia, o sentimento da família toda foi mesmo de muita gratidão pela felicidade de conviver com tão nobre criatura.

Por nossa vez, diante de tão belo testemunho de amor e confiança em Deus, a admiração e o nosso respeito. Afinal, são estes exemplos de vida que dignificam nossa condição humana.

E o que mais nos deixa feliz é pensar que esses laços de amor, respeito e dignidade jamais se perdem ou se rompem. Ela, a mãe e esposa dedicada, partiu, mas o amor entre eles permaneceu inalterável. Isso tudo porque somos imortais...

Capítulo 3

AFETO ESPONTÂNEO: EDMAR FRATINI BOVO

Cheguei a Matão no ano 2000, e alguém, particularmente, despertou-me a atenção por uma característica muito pessoal. Ele viveu o afeto em sua plenitude; quem com ele conviveu sabe de seu ânimo, de sua disposição, de sua força de vontade, e de suas duas maiores paixões: a música e a esposa.

Refiro-me ao amigo Edemar Fratini Bovo. Conheci-o já como regente do Coral Cairbar Schutel. Assisti várias de suas apresentações, sempre de motivações aos coralistas; visitei-o em sua casa por uma única vez, quando, entusiasmado, mostrou-me seus discos e falou com muito carinho de Cairbar Schutel, o primeiro prefeito de Matão e conhecido vulto da história do movimento espírita no país e no exterior.

Edmar nasceu aqui mesmo em Matão, no dia 5 de agosto de 1929; casou-se com a Sra. Geny Ferraz Bovo, que lhe deu a filha, Lygia Maria Ferraz Bovo. Vieram três netos.

Morou em São Paulo, foi empresário de uma empresa de prestação de serviços na área de construção civil. Retornou a Matão em agosto de 1997 e aqui fixou-se definitivamente. E, desde março de 2001, regeu o Coral a que nos referimos acima.

Filho de Evaristo Bovo e Cecília Fratini Bovo, sua dedicação à música e seu apurado gosto musical, fizeram-no muito conhecido na região, e mesmo em Matão, nas suas constantes apresentações, com repertório bem selecionado.

Muitas vezes, apresentou-se na Câmara Municipal (nas homenagens ao Dia de Cairbar Schutel) e também dentro da agenda cultural do município. O grupo, por ele regido, também visitou várias cidades da região e mesmo outras mais distantes, como Cambé, no Paraná, Bauru e Mineiros do Tietê, aqui mesmo no Estado de São Paulo.

Sempre foi interessante assistir as apresentações

do Coral, pois ele era muito carinhoso e, ao mesmo tempo, dotado de uma doce energia, com os integrantes que formavam seu grupo. Estimulava-os, enviava-lhes gestos de força, estímulo e segurança, e até carinhosos beijinhos e cumprimentos.

Dirigia-se ao público, igualmente, com muito carinho. E com sua postura simples, fraterna, conquistou o carinho de seus conhecidos e amigos.

A enfermidade visitou-o severamente. Mesmo assim, ele não se entregou. Foram longos meses de angústias. Mas também meses exemplares de dedicação, esforço e muita confiança em Deus. E o coral continuando, sempre com ele.

Agora ele se foi. Foi aplaudido com o público em pé, durante o velório.

Partiu e deixou exemplo de dedicação. Entre suas inúmeras virtudes, a do afeto no relacionamento humano, foi a marca maior que ficou. Ao ouvir o coral, durante o velório – que emocionou o público presente –, parecia-nos, a todos os presentes, que ele continuava lá, de pé, regendo, estimulando e virando-se para cumprimentar e agradecer o público.

É, amigo Edmar. Seu exemplo de dedicação e carinho está conosco.

Obrigado por ter nos dado o privilégio de conviver ao seu lado. Foram poucos anos, mas valiosos. Obrigado pelo que fez e continua fazendo... Deus esteja contigo.

E agora reflitamos nós: seria coerente pensar que esses valores todos se perdem com a morte do corpo? A imortalidade, como lei natural, indica com clareza, que as virtudes adquiridas, os valores morais cultivados e os afetos alimentados nunca se perdem...

Capítulo 4

Laís retornou

Sim, a alegre e simpática Laís retornou à pátria de origem. Foi uma partida inesperada, mas seus familiares souberam compreender que há razões que escapam ao nosso alcance de entender os fatos e as circunstâncias.

Basta imaginar um barquinho que leva nossos amores para uma viagem. Acompanhamos a partida, e o barquinho vai se distanciando até tornar-se ponto quase imperceptível e, depois, desaparecer. Bate a saudade, ficamos a nos perguntar como está, com quem está, se precisa de algo, se faltou alguma coisa, quando nos reencontraremos...

Nossos amores, todavia, estão bem. Levam consigo tudo que são, que aprenderam, levam consigo suas lembranças e felizes recordações daqueles que ficaram no porto.

Mas, na outra margem do mar, outros amores os aguardam. Estão ansiosos pela chegada e começam a vislumbrar um ponto – de início, imperceptível –, que vai tomando forma até ser reconhecido como o barquinho que vai atracar no porto e possibilitar o reencontro daqueles que aguardavam a volta desses amores que retornam...

Aí as alegrias do reencontro, das recordações, das notícias da outra margem... Aí a adaptação às novidades, à nova vida.

Mas e a saudade, como fica? Ah, a saudade. Embora as distâncias físicas, podemos nos encontrar pelo pensamento, pelas lembranças, pelas recordações, pelos sonhos. Afinal, é uma separação temporária, de uma viagem apenas... Logo também embarcaremos para o reencontro de felicidade e seremos recebidos por aqueles que foram antes. Que alegria o abraço do reencontro que, em breve tempo, se dará para todos.

Assim é a morte, que não é morte, e, sim, apenas a continuidade da vida.

Em experiências necessárias (cada um tem a sua

necessidade, o seu mérito), vamos nos aprimorando e somando aprendizados, em todos os sentidos, tanto para quem vai, como para quem fica.

O melhor, todavia, o sublime até, diríamos, é que a imortalidade é algo palpável, real, que não nos separa, apenas nos une mais. Aí percebemos com intensidade quanto foi bom ter vivido com aquele alguém tão querido.

Seus pais, Laís, seus avós, seus primos, tios, irmãos, suas colegas, suas amigas, todos, enfim, choraram de saudade e pelo impacto, é claro, mas não houve revolta, houve resignação, aceitação serena. Porque todos compreenderam que era seu momento. Foram e são fortes no testemunho de fé, de crença, de gratidão, por estarem ligados a você, amiga querida!

O ambiente foi de forte emoção, mas foi também de muita elevação, e queremos dizer-lhe que sua experiência é lição viva para todos nós. Desperta nossa sensibilidade, conclama-nos à fé, reergue nosso ânimo – porque nos ensina a amar – e mais: vem nos mostrar, uma vez mais, as glórias da imortalidade, que você constata pessoalmente agora. Afinal, o corpo dilacerado que lá estava, todos entendíamos, não era mais você. Ele era apenas o instrumento que você se serviu durante algum tempo. Você, ah você! Você seguiu com o amparo de devotados amigos para continuar suas experiências. Logo nos dará notícias, não temos dúvida, e se tornará em breve tempo a amiga (que já era) da família e que vai participar da recepção de seus amores quando chegar a vez deles viajarem, um a um, cada um a seu tempo.

Você, como nós, seus amigos, também pode chorar de saudade. É natural. Mas uma coisa é muito certa: jamais estaremos separados, pois os laços de amor nunca se rompem e sabemos que, quando puder, virás abraçar um a um de seus amores que aqui ficaram.

Parabéns, Laís, pelo afeto que construiu nos corações que a amam e pelo tesouro que são seus familiares.

Onde esteja, receba nosso abraço! Receba o amor de seus pais, de seus irmãos, daqueles que agora torcem e vibram pela sua felicidade, na nova vida.

Ficamos a pensar quantas perspectivas você tem agora. Você vai conhecer conquistas que o planeta talvez só venha a conhecer daqui a décadas ou séculos. Você agora vai ampliar sua visão, seu entendimento. Mas isso porque você partiu em paz, sem comprometimentos, sem apegos, sem precipitações...

Poderá amar ainda mais seus amores.

Nós ainda temos necessidade de permanecer por aqui. Precisamos completar ainda o aprendizado dessa existência.

Mas não a esqueceremos... Obrigado pela experiência marcante que proporcionou a todos nós. Deus te ampare, alma querida!

Se você se sensibilizou com esse texto, leitor, saiba que ele apenas reflete um das mais autênticas realidades da vida humana: somos seres imortais! Viveremos para sempre, e os laços de afeto que construímos nunca se perdem ou se destroem...

A vida é valiosa demais para ser desprezada. Isto porque todos nós, todos mesmo, sem qualquer exceção, somos verdadeiramente **Pérolas de Deus! Criados pelo amor e para amar.**

Matéria originariamente publicada em Matão, por ocasião da desencarnação de Laís Mariani Chiozzini, ocorrida em 16/10/2006, por acidente de trânsito.

Capítulo 5

MEU VELHO PAI

O "VELHO" AQUI É CARINHOSO. É MESMO DE GRATIdão, afinal, um pai é uma pérola a iluminar o caminho humano. Meu querido pai, Roberto Pasqual Carrara, partiu na segunda-feira, dia 1º de abril de 2002.

Partiu sem sofrimento, com rapidez inesperada, e como viveu: calmamente. Parece oposta a citação, mas não é. Rapidez é a forma como foi. Calma como foi vivida essa forma.

Nunca o vi perder a calma. Extremamente paciente, deixou exemplos de uma vida digna.

Deu-me um tesouro inestimável: o conhecimento da Doutrina Espírita!

Ficam evidentes na memória as recordações de uma infância cheia de orientações, de carinhos e presença muito firme, ao lado da fé convicta e da ação firme no bem.

A saudade chega, como esperado, mas a gratidão e os laços de amor entre pai e filho e, mais que isso, de verdadeiros amigos, permanecem como farol de orientação.

Sempre fomos amigos. Grandes amigos! Nunca discutimos ou brigamos e fizemos muita coisa juntos.

Talvez o leitor pergunte-se: *mas o que tenho com isso?*

É que desejo transmitir um exemplo de vida, talvez útil para muita gente nesses momentos de dificuldades que o planeta atravessa.

Certa vez, em momento de grande aflição e dificuldade que enfrentou, meu pai dirigiu-se a Deus e disse: *Meu Pai, antes que eu existisse o Senhor já reinava. O Senhor criou-me por ato de amor. Estou com uma dificuldade cuja solução não encontro. Entreguei-me a várias opções para encontrar uma saída para esta dificuldade, mas não sei o que fazer. Então, Senhor, entrego-lhe esta dificuldade. O Senhor saberá solucioná-la.*

Eis um caminho para ser usado nesses sofridos dias da humanidade.

Pais e filhos! Que tesouro!

Quem os tem, sabe o que significam.

Meu abraço, querido pai!

Capítulo 6

ZILDA PROSSEGUIRÁ TRABALHANDO

O LAMENTÁVEL TERREMOTO QUE ATINGIU O HAITI NA terça de 12 de janeiro de 2010, com vasta destruição e muitas mortes, levou também, de retorno à pátria de origem, a respeitável Zilda Arns. Com três indicações ao Premio Nobel da Paz, Zilda dedicou sua vida ao próximo. Irmã de D. Paulo Evaristo Arns e nascida em 1934, a notável mulher integra equipe dos seareiros do Cristo em atividade no planeta: uma vida dedicada à educação, ao amparo da infância, da gestante e da pessoa idosa. *Morreu na causa que sempre acreditou*, como afirmou D. Paulo.

Como conhecido, indicou o portal UOL na tarde

de quarta-feira: "(...) Médica pediatra e sanitarista, Zilda Arns era fundadora e coordenadora da Pastoral da Criança e da Pastoral da Pessoa Idosa, órgão de Ação Social da CNBB. A Pastoral estima que cerca de dois milhões de crianças e mais de oitenta mil gestantes sejam acompanhadas todos os meses pela entidade, em ações básicas de saúde, nutrição, educação e cidadania. (...)". É preciso falar mais?

Essa fecunda atividade no bem, normalmente em favor dos desfavorecidos de toda ordem, como a infância abandonada ou desnutrida, gestantes carentes e também pessoas idosas ou mesmo pessoas marginalizadas é a grande marca dos seareiros do Cristo, que se inspiram no exemplo de Jesus, apesar das fraquezas e limitações humanas. Não perdem tempo com contendas, reclamações, justificativas, acusações ou dificuldades. Simplesmente trabalham. Trabalham porque reconhecem as dificuldades que aguardam a decisão humana, trabalham porque confiam no bem, trabalham porque sabem que o Mestre da Humanidade espera pela nossa decisão de amar. Basta observar. Assim foram, quando na passagem pelo planeta, Irmã Dulce, Madre Tereza, Chico Xavier e outros valorosos vultos da história humana, ainda que muitos permaneçam anônimos, desconhecidos e mesmo na maioria das vezes incompreendidos e marginalizados. Cada um em seu estágio e atividades próprias, mas todos dignificando a condição humana.

Há um detalhe a não ser esquecido, porém, todos somos imortais. Por terremoto, doenças, acidentes, idade avançada ou outras causas, todos deveremos retornar à condição primeira de todos nós: seres imortais. Por isso, Zilda, como tantos outros que continuam a trabalhar, ainda que invisíveis aos limitados olhos humanos, também continuará sua luta de fé e trabalho pelo bem, ainda que com o corpo físico destruído. O corpo não é alma; o corpo é mero instrumento temporário. O Espírito vive e é imortal.

No caso da notável personalidade Zilda Arns, não é a morte que interrompe seu amor e dedicação à causa do bem, o amor ao semelhante em dificuldade ou sofrimento. Também a morte não afeta sua fé, sua confiança em Deus, sua determinação e perseverança nos ideais que abraçou. A morte apenas nos transfere para outra esfera, mas os laços de sintonia, afeto, esses continuam. Para nós, fica o exemplo de solidariedade, de humanidade. Exemplo dessa grande alma que também parte no trabalho, deixando a marca do bem em seus luminosos passos. Quanto ao terremoto, desafio para o nosso raciocínio de pensar por quê?

Como conciliar a bondade e grandeza do Criador com tanta violência e dor? É incompatível, não é mesmo? Há que haver uma causa anterior que determine tais acontecimentos, e isso encontra explicação lógica na pluralidade das existências, princípio básico da Doutrina Espírita. O assunto é vasto e, para ser entendido em toda sua amplitude, precisa ser pesquisado, estudado. Por isso, recomendamos, com ênfase, o estudo do tema em *O Livro dos Espíritos*, especialmente nas questões 737 a 741 e atreladas às questões 166 a 171 e 222, entre outras.

Capítulo 7

MILTON, JULINHA E MILTINHO

O AMIGO MILTON DOS SANTOS, ESPÍRITA DA CIDADE de Brotas, interior de São Paulo, viveu, junto com a esposa Julinha, o impacto da desencarnação do filho Miltinho em acidente automobilístico que sensibilizou a cidade. A mãe, Sra. Júlia, acompanhou a serenidade do marido e a postura do casal marcou a vida da cidade.

A história da família foi retratada pela revista *Fidelidade Espírita*, editada em Campinas-SP, pelo *Centro de Estudos Espírita Nosso Lar*, edição de junho de 2003, em matéria assinada pelo próprio pai do jovem.

Para conhecimento da preciosidade da ocorrência, transcrevemos a matéria em referência, na íntegra:

Meu querido filho, Miltinho, dinâmico e atuante jovem

espírita da região de Jaú/SP, engenheiro formado e de comportamento carinhoso, entusiasmava-se com a divulgação espírita. Nas últimas semanas de sua existência física, suas preocupações estavam voltadas para a organização do 1º Encontro da Criança Espírita e para o especial evento que comemoraria os 15 anos do EMJER – Encontro de Mocidades e Juventudes Espíritas da Região de Jaú.

Chegou, através de contato com a conhecida editora IDE (Instituto de Difusão Espírita, de Araras-SP), a editar exemplares de O Evangelho Segundo o Espiritismo *com página inicial comemorativa à importante conquista dos 15 anos de realização do citado encontro de jovens.*

Na semana que antecedeu importante evento espírita, que reuniu jovens na cidade de São Carlos, fez-me importantes recomendações:

a) Que eu abordasse mais o tema Morte nas reuniões públicas do Centro Espírita Irmão Agostinho, em Brotas-SP;

b) Que eu procurasse tomar pleno conhecimento da agenda das instituições quanto a compromissos doutrinários, palestras programadas para o evento, etc;

c) Que no caso da ocorrência de sua desencarnação, por qualquer motivo, que eu mantivesse postura serena, fizesse a prece no velório (que deveria ser no Centro Espírita e com muita simplicidade) e erguesse a cabeça, sem me entregar ao desânimo, para continuar vivendo com alegria e valorizando a divulgação espírita.

Naquela semana, estávamos todos muito alegres. Ocorreu, porém, a desencarnação de um filho de pessoa muito ligada à minha família. Procurei transmitir ao amigo que confiasse em Deus. O amigo, porém, transtornado pela desencarnação prematura do filho, disse-me que eu dizia aquilo porque "não era meu filho...". Compreendi os momentos de dificuldades e silenciei.

No sábado do evento em São Carlos, Miltinho e a noiva Antônia, mais os amigos Marquinhos e João Carlos estavam radiantes. Organizaram tudo com muito carinho. Estavam felizes pela realização, já há uma semana e com grande êxito, do 1º Encontro da Criança Espírita e ainda continuavam o planejamento para os 15 anos do EMJER.

À tarde, saíram de viagem, viagem curta. Acidente fatal vitimou Miltinho e João Carlos. Comoção geral na cidade. Como pais, eu e Julinha sofremos muito, mas recordamos as palavras de Miltinho, proferias nos últimos dias. Erguemos a cabeça, mantivemos a confiança em Deus (postura que causou grande impacto no amigo que também tivera seu filho vítima de acidente automobilístico, havia quinze dias).

Proferimos a prece no velório (simples como ele pediu), e, neste momento, o conhecimento espírita foi de fundamental importância para a manutenção da serenidade e do equilíbrio.

No momento do sepultamento, à saída do Centro, o companheiro José Antonio Castilho, de São Carlos, proferiu bela abordagem sobre a imortalidade, à luz da Doutrina Espírita. Apesar do sofrimento causado pelo impacto, mantivemos a serenidade e a confiança em Deus, como recomenda a Doutrina Espírita.

Na verdade, percebemos depois que ele, Miltinho, meu filho, preparou-nos para a sua própria desencarnação.

* * *

Em nota, especialmente para a edição da matéria na revista em referência, tive a oportunidade de escrever:

1) O acidente, com dupla desencarnação, trouxe incontável multidão ao pequeno Centro Espírita, e a postura firme e serena de Milton e Julinha (como são conhecidos os pais de Miltinho) impressionou a cidade. Inúmeras pessoas tornaram-se espíritas por este único fato. Verdadeiramente portaram-se como autênticos espíritas e divulgaram, pelo exemplo de resignação e confiança em Deus, os ensinos do Espiritismo;

2) A desencarnação ocorreu no dia 7 de outubro de 1989, e, em novembro, ocorreu o evento comemorativo dos 15 anos do EMJER, organizado totalmente por Miltinho e João Carlos, ambos desencarnados na mesma data e mesmo acidente.

Nota do editor na reportagem em questão:

O Editor garante a veracidade dessa história. A essa querida família que nos deu a honra da convivência fraterna por várias vezes, nosso abraço de gratidão por tão lindo testemunho espírita.

Conhecemos o amigo Milton há muito tempo, pois que velho amigo de meu pai. De nossos diálogos, ele afirmou:

a) Perante a desencarnação do Miltinho, a gente não sabia se estava preparado ou não, mas, graças a Deus, a Doutrina deu um respaldo muito grande e uma força, porque a gente encarou a morte dele com naturalidade porque sabíamos que ele não deixava de existir, e que ele ainda continuava vivendo. Então, a Doutrina foi para mim a maior consolação; ela foi a coisa mais importante da minha vida, com a minha família. Se não fosse a Doutrina Espírita, eu não sei como encararia a vida aqui na Terra; como ver a separação de um filho após conviver com ele na família. Mas a Doutrina Espírita me deu a pura certeza de que nós não estávamos separados. Foi dolorido em função da convivência de mais de 27 anos, o que tornou difícil para nós, mas a Doutrina foi a consoladora. Por isso que eu digo, ela é o consolador que Jesus nos prometeu. Eu agradeço muito a Deus e a Jesus por ter conhecido o consolador prometido, porque ela é o consolador.

b) A família se comportou de maneira equilibrada, pois nós procuramos explicar a eles o que o Espiritismo ensina, dando assim um conforto, uma cobertura para o sentimento de cada um. Minha mãe e meus irmãos não tinham o conhecimento da Doutrina. Eu a D. Julinha sentíamos gratidão pela convivência de 27 anos com o Miltinho, onde aprendemos muito com ele. Ele veio para trazer muitas lições para nós. Eu agradeço a Deus e a Jesus pelo filho amado e eu tenho a certeza de que não o perdemos. A Sueli (irmã) se manteve em equilíbrio junto de nós, dando o testemunho do conhecimento espírita que ela detinha, amparando-nos e dando força especialmente à mãe (D. Julinha), transmitindo segurança. A Sueli também se preocupou com a noiva do Miltinho, que também sofreu o acidente e sobreviveu, prestando-lhe todo o auxílio que estava ao seu alcance.

c) Nós, hoje, nos sentimos felizes de ter tido o Miltinho, felicidade essa que, recentemente, cresceu com a chegada da neta, Ana Júlia, filha da Sueli, hoje com 2 anos. Além dessa alegria imensa da convivência familiar, temos o amparo e carinho dos sobrinhos, das outras crianças que a gente convive na sociedade e no centro espírita; enfim, nós estamos muito felizes. Não guardamos nenhuma mágoa ou tristeza. Hoje eu sei, pela Doutrina, como enfrentar a própria morte, a desencarnação. Eu não digo "morte" porque O Livro dos Espíritos matou a morte! (risos). Então, a separação desses anos me ensinou que, se eu tiver alguma enfermidade sem cura, um câncer por exemplo, isso não vai me abalar. A Doutrina, para mim, é um bálsamo em tudo. Desde o dia em que eu conheci a Doutrina Espírita, eu agradeço a Deus a oportunidade que eu tive aqui na Terra.

d) Eu e o Miltinho tínhamos o hábito de sentar no sofá após o almoço e conversar sobre a Doutrina, a Evangelização Infantil e o Movimento Espírita. Havia acontecido um encontro sobre Evangelização Infantil em Dois Córregos e eu estava questionando o tema que tinha sido estudado no encontro, que foi a morte. Achei que poderia ter sido um tema mais evangélico e não a morte. O Miltinho, então, me chamou a atenção dizendo: "O senhor está vendo como o sr. está errado? Será que o sr. está preparado para a morte? Se eu desencarnar primeiro que o sr., como o sr. vai encarar? Se o sr. desencarnar primeiro do que eu, eu vou fazer o seguinte: vou velar o sr. lá no centro; vou comprar um caixão do mais barato que tiver para não 'estragar' dinheiro no cemitério, que não resolve nada; vou pôr a roupa mais velha no sr. porque a roupa boa eu vou dar tudo para os que precisam; e não vou pedir pra ninguém para fazer a prece. Eu mesmo irei fazê-la." Daí o Miltinho tornou a repetir: "se eu fosse, como é que o sr. encarava?" Eu respondi que faria o seguinte: eu pegaria o caixão mais barato, também; vou velar você no centro; vou colocar sua roupa mais simples e doar tudo o que é seu para quem precisa. Então, o Miltinho disse: "então, é isso que eu quero." E disse mais: "eu peço outra coisa também: de cabeça erguida, no velório no centro, eu quero que o sr. faça a prece." Após o acidente, então, eu tive segurança tão grande que eu consegui fazer a prece em casa e, depois, fui para o centro. Quando eu cheguei ao centro, as pessoas quiseram me cumprimentar, mas eu pedi licença e que esperassem, pois eu queria conversar com ele. Aproximei-me do caixão, pus a mão sobre ele, e conversei com ele. Eu disse a ele "filho, você não precisa se preocupar conosco; vá com Deus, siga seu caminho, ouça os seus mentores. Você tem toda a proteção como nós também temos a proteção divina. Nós dois estamos sob a proteção de Deus, filho. Fique tranquilo. Não se desespere. Deus é nosso pai." Eu conversei bastante com ele. Após conversar com ele, eu fui até a cabeceira do caixão e pedi a Deus e a Jesus que o amparassem e fiz a prece de Cáritas e encerrei. Só então, eu fui cumprimentar as pessoas presentes.

No túmulo, eu agradeci o pessoal que acompanhou o enterro, e aproveitei para reforçar entre todos que não estávamos desesperados pois Deus era pai e a vida continua.

Uma senhora havia ficado abismada com a nossa reação e com o que nós fizemos. Ela era adepta da Congregação Cristã do Brasil, e tanto se sensibilizou que ela deixou a igreja e se tornou espírita.

Outra coisa importante que aconteceu foi que eu, a D. Julinha e a Sueli nos unimos ainda mais e nos dedicamos profundamente no trabalho dentro do Espiritismo.

Capítulo 8

DONA MARIA

DURANTE ALGUM TEMPO, NA DÉCADA DE 90, PRESIDI o *Lar Espírita José Gonçalves*, em Mineiros do Tietê, minha cidade natal, no interior paulista. Departamento do *Centro Espírita Francisco Xavier dos Santos*, a instituição foi fundada em 1940 para acolher idosos, tendo encerrado atividades em 2015, por força de vários fatores adversos. Ali muito aprendi na convivência com idosos de diferentes experiências de vida.

Entre as vivências marcantes, destaco a personalidade de Dona Maria. Conheci-a desde criança; quando me dei conta de mim mesmo, ela já era a cozinheira do Lar. Sempre com mão firme e responsabilidade, durante décadas ela foi a responsável pela alimentação diária dos demais idosos, com o café da manhã e da tarde, almoço e jantar, todos os dias. Residia no Lar, pois ali viera também em desamparo, e sua honestidade e firmeza sempre foram admiráveis.

Minha infância passou e cresci observando a determinação daquela valorosa mulher. Algum tempo depois de assumir a presidência da instituição, ela, já idosa, adoeceu e viveu períodos de muita dificuldade com a saúde.

No período terminal de vida, com a doença persistente, ela sofria em intensa agonia. Certa noite de intenso sofrimento, já sem conseguir falar e se alimentar, aproximei-me dela e falei-lhe aos ouvidos: *Dona Maria, acalme seu coração, pode partir sem medo, sem receios. A vida continua, e a senhora será bem recebida pelo amor e dedicação de tantos anos a esse Lar. Não tenha medo. O amparo de Deus nunca falta e também não lhe faltará. Somos todos imortais. Não tenha medo, estou aqui contigo e numerosos amigos queridos te aguardam para igualmente te amparar...*

Aquelas palavras funcionaram, parece-me, como uma senha para aquele coração sofrido. Ela realmente acalmou-se e partiu...

O fato marcou-me profundamente. Vivi experiências semelhantes com outras pessoas e pude concluir que muitos temem partir. Medo de não mais viver, medo do desconhecido. A imortalidade, todavia, é realidade patente que precisamos sempre divulgar amplamente e, muitas vezes, falar particularmente nesses casos, ajudando as pessoas a se desprenderem do corpo, nos casos de agonia que se agrava com o medo, sem cometermos o equívoco da eutanásia, que trataremos especificamente em outro capítulo. O conforto aqui é moral. O que se deseja dizer é exatamente essa presença carinhosa que se pode oferecer aos que estão próximos da desencarnação, encorajando-os com a glória da imortalidade.

Capítulo 9

PATRIMÔNIO DA CIDADE

Aos 99 anos de idade, partiu para a Pátria verdadeira, o querido amigo **Augusto Zugliani**. Um verdadeiro patrimônio, um símbolo da cidade. Um homem de bem, um autêntico cristão, amigo de todos.

Desde criança o conheci (aliás, quem não o conheceu por aqui?), seja na alfaiataria onde meu pai trabalhava ou nos ensaios e apresentações da banda musical. Deixa imensas saudades no coração de todos, com sua fala mansa e entusiasmada pelas coisas simples. Nunca o ouvi falar mal de quem quer que fosse e sempre o vi respeitar a tudo e todos, opiniões, crenças e posturas.

Quando eu nasci, ele já tinha seus bem vividos 60 anos, e, depois, ficamos grandes amigos pela convivência com a banda musical e no Centro Espírita, onde sempre estivemos juntos e a quem ele dedicou grande atenção durante toda sua existência. Aliás, a este respeito, existem pequenos detalhes que precisam agora ser descritos:

1. Em 1940, nosso "Gustinho" doou ou emprestou recursos para aquisição dos tijolos utilizados na construção dos prédios do Lar Espírita (Internato para idosos) e Centro Espírita.

2. Anualmente, e isto há muitos anos, "Seu Augusto" colocava calendários na instituição, sempre levando inclusive os percevejos para fixá-los.

3. Em nossas costumeiras reuniões, era comum convidá-lo para proferir a prece, o que fazia com grande satisfação.

4. Nunca deixou de visitar semanalmente as instalações do Lar Espírita "José Gonçalves", mesmo agora nos últimos tempos, quando era levado pela neta Maria Tereza.

5. No contato com as crianças, lá estava ele com os bolsos cheios de balas para distribuir às crianças.

6. Nos últimos anos, com grande dificuldade de locomoção, semanalmente esteve no Cen-

tro, acompanhado pelos garotos que o ajudavam ou levado pela citada neta. Oportunidade em que fazia questão de visitar os internos do Lar ou, se não podia, de perguntar como se encontravam.

7. Em 1998, nos seus 98 anos, tivemos oportunidade de homenageá-lo nas instalações do **Projeto Pedro Carrara**, onde, indagado qual tinha sido o momento mais feliz da sua vida, respondeu que era exatamente aquele que estava vivendo, o da homenagem. Também solicitado a revelar o segredo da idade avançada, declarou que é "não abusar da saúde". E por falar em Pedro Carrara, foram grandes amigos, especialmente na Banda Musical.

Pela bagagem de experiência de vida, muitas vezes foi entrevistado pelas redes regionais de TV. Ele o mereceu. Foi um homem íntegro. Sua querida família, a quem se referia com orgulho, deu continuidade a seu trabalho. Pessoas conhecidas e queridas na cidade, dedicaram-se à educação. Aliás, neste sentido, nossa gratidão aos ex-professores que deixaram marca na individualidade de todos nós.

Sua idade avançada e sua lucidez sempre chamaram a atenção da cidade. Lucidez que o caracterizou até o último instante. Por feliz inspiração do genro, Sr. Sebastião Henriques, estivemos juntos pela última vez na quinta-feira que antecedeu sua desencarnação. Estava lúcido, embora exausto, cansado. Conversamos com emoção. Fiz a prece com ele, que foi repetida palavra por palavra. Embargou-me a voz, foi uma prece lenta, mas ele acompanhou calmamente... Despedimo-nos como dois grandes amigos que sempre fomos. Era a partida... Partida que não significa morte, mas vida, lembrando as palavras do amigo Padre "vamos celebrar a vida". Na manhã seguinte, a notícia do amigo que partiu.

Existe a ausência física, que deixa marcas, saudades, mas considero que não se trata de uma perda. Pelo contrário, a cidade ganha mais um benfeitor. O corpo exauriu-se, mas a alma valorosa está de pé, feliz por ser bem recebida pelos seus queridos, inclusive ilustres cidadãos desta cidade que foram antes. Claro que ele sente por ter deixado a cidade, os amigos, a família... Mas agora está em nova fase de progresso e felicidade, para continuar auxiliando a cidade. Cumpriu a sua tarefa. E como cumpriu.

Nas homenagens finais, a família deu grande exemplo de resignação com um fato natural da vida. E, agradeci de público ao amigo Sebastião pelas palavras carinhosas com que se referiu à opinião, que respeita, de crença do Sr. Augusto, oportunizando-me a palavra, respeitando-nos profundamente a amizade e sabedor que o querido sogro ficaria feliz com o fato que propiciou. Em todos os momentos, a família aceitou e respeitou o carinho que "Seu Gusto" tinha para com a família espírita (respeitando sua crença), fazendo-me porta-voz de muitos amigos queridos que o queriam tão bem, pois que, por toda parte, conquistou amigos. Foi uma atitude muito cristã e profundamente humana, Sr. Sebastião. Muito obrigado! Não pude ir ao necrotério, mas soube da feliz iniciativa de "tocar um dobrado". Homenagem mais que justa.

A todos nós que estivemos no velório e a todos que conheceram "Seu Augusto" durante a convivência em Mineiros do Tietê, fica o exemplo de um homem bom. Para ser seguido. E a você que nos lê, saiba que sua emoção, saudade e gratidão o atingem diretamente, fazendo-lhe grande bem ao coração, pois que recebe seu carinho...

Mas ao Senhor, "Seu Gusto", obrigado pela sua amizade, pelo seu carinho. Deus o recompense

Nota: O presente caso é matéria publicada originariamente no jornal INDEPENDENTE, editado na cidade de Dois Córregos e distribuído também em Mineiros do Tietê, ambos municípios paulistas, edição de 11/12/99.

Capítulo 10

O CELD E
Altivo Pamphiro

É DE CONHECIMENTO DE TODO O MOVIMENTO ESpírita nacional e internacional que CELD é a sigla do *Centro Espírita Léon Denis*, modelar instituição sediada no Rio de Janeiro-RJ. O CELD, que também tem seu departamento editorial – com valiosas obras editadas – e mantém inúmeros outros núcleos de estudo e assistência a muitas famílias, foi fundado por Altivo Carissimi Pamphiro, que tivemos a felicidade de conhecer pessoalmente quando visitamos aquela instituição, por volta de 2002.

O Léon Denis é uma grande instituição, com inúmeras atividades diariamente. Tem o perfil de estimular e orientar o surgimento de outros núcleos e, com isso, viu seu trabalho expandir-se por muitos bairros da cidade, espalhando bênçãos de conhecimento e socorro a muita gente.

O ambiente do CELD respira Doutrina Espírita e muito trabalho em favor do próximo. Altivo, com seu perfil altamente cristão, envolveu operosa equipe para o trabalho do bem. E não há como separar o CELD de Altivo, cuja desencarnação ocorreu em 2006.

Justa e comovente homenagem, todavia, foi prestada pelos companheiros de convivência do querido companheiro, com a publicação do livreto *Homenagem ao companheiro e amigo de ideal espírita, Altivo Carissimi Pamphiro,* de apenas 28 páginas.

Reunindo síntese biográfica, pequenas transcrições de trechos de Kardec e Léon Denis, a valiosa obra também traz poemas endereçados ao amigo que partiu, rápido histórico da instituição e, principalmente, quatro importantes mensagens recebidas em diferentes locais, por médiuns distintos, com notícias sobre a chegada e recepção do trabalhador espírita no plano espiritual, no mesmo mês da desencarnação, poucos dias após a ocorrência de retorno.

Do importante conteúdo das mensagens, no estímulo aos companheiros que permanecem e nas notícias do amigo recepcionado, ficam importantes lições para o momento vivido pelo movimento espírita, que permito-me transcrever em pequenos trechos parciais, indicando ao leitor inteirar-se da íntegra dos textos, através da aquisição da obra:

"(...) Os corações quando vêm com uma tarefa e conseguem dar contas fielmente do seu compromisso, retornam tranquilos, como no caso do nosso Altivo, tão conhecido de todos, amado por todos. (...) Queremos, então, pedir a cada um: vivenciem o trabalho, vivenciem a integração, prossigam cada vez mais na amizade sincera, amizade real (...)" – Da mensagem assinada pelo Espírito Hermann;

"(...) Não tenham pressa de voltar logo para casa, no término das reuniões; permaneçam mais um pouco, abracem as pessoas, cumprimentem as pessoas com, no mínimo, um aperto de mão, pois elas precisam desse abraço (...)" – Da mensagem assinada por Henri;

Destaquei, propositalmente, trechos que destacam o afeto, marca pessoal do amigo Altivo. É que o afeto é a virtude capaz de superar obstáculos, de derrubar preconceitos, de vencer resistências. O afeto conquista, espalha alegrias, descontrai. Assim era Altivo.

A última mensagem do livreto, intitulada *O Retorno do Amigo,* dá notícias da recepção ao Altivo, na qual a emoção e a sensibilidade se fizeram presentes com toda expressão. Há que se destacar que os trechos transcritos, de Kardec, Dénis e Ermance, deram um toque todo especial na obra.

Mas deixo ao leitor o cuidado de beber nesta fonte abençoada da justa e merecida homenagem que os companheiros fizeram ao grande Altivo. É trabalho para ser conhecido e divulgado, face aos ensinos das entrelinhas...

Capítulo 11

UMA VOZ DO ALÉM

COELHO NETO (1864-1934) FOI ESCRITOR E JORNAlista. Fundador da cadeira número dois da Academia Brasileira de Letras, e também seu presidente (1926), Henrique Maximiano Coelho Neto nasceu em Caxias, Maranhão, transferindo-se com a família para o Rio de Janeiro aos seis anos de idade. Tendo ingressado na Faculdade de Direito de São Paulo, em 1885 abandonou o curso para dedicar-se ao jornalismo. Voltou para a Capital Federal, integrando o grupo de Olavo Bilac, Luís Murat, Guimarães Passos e Paula Ney, cujas histórias relataria mais tarde no romance *A Conquista*. Republicano e abolicionista, após o 15 de novembro tornou-se professor, dando aulas de história da arte e literatura em diversas instituições cariocas. Foi eleito deputado federal pelo Maranhão em 1909 e reeleito em 1917. Cultivando diversos gêneros literários, multiplicava sua produção em revistas e jornais do Rio de Janeiro e de outras cidades brasileiras, sendo, por longos anos, o autor mais lido do país. Sua obra, marcada por forte presença realista, inclui mais de um centena de volumes, dentre os quais destacam-se *A Capital Federal* (1893), *O Rei Fantasma* (1895) e o livro de contos *Sertão* (1896).

Pois este importante nome da história brasileira viveu marcante experiência pessoal com a perda de ente querido, convertendo-se ao Espiritismo e tornando-se um de seus mais ardorosos divulgadores.

Em entrevista publicada pelo "Jornal do Brasil", de sete de julho de 1923, ele declara sua completa aversão às ideias espíritas e como a perda de um ente querido transformou-lhe a vida:

"Sim, tens razão. Combati, com todas as minhas forças, o que sempre considerei a mais ridícula das superstições. Essa doutrina, hoje triunfante em todo o mundo, não teve, entre nós, adversário mais intransigente, mais cruel do que eu.

Em casa, onde a propaganda, habilmente insinuada, conseguira fazer prosélitos, todos me temiam, apesar da mi-

nha conhecida tolerância em matéria de fé, porque eu não deixava passar um só dos livros de preparação e opunha-me, com energia, às tais sessões reveladoras. Mas que queres?

Não tiveram os cristãos inimigo mais acirrado do que Saulo até o momento em que, na estrada de Damasco, por onde ia para a sua campanha de perseguição, o céu abriu-se em luz e uma voz do Alto o chamou à fé. E de inimigo que era não se tornou, o tapeceiro de Tarso, o mais fervoroso e abnegado apóstolo do Cristianismo, saindo a pregar a Palavra suave ao gentio pagão? Pois, meu caro, a minha estrada de Damasco foi o meu escritório e, se nele não irradiou a luz celestial, que deslumbrou S. Paulo, soou uma voz do Além, voz amada, cujo eco não morre em meu coração.

Sabes que, depois da morte da pequenina Ester, que era o nosso enlevo, a vida tornou-se sombria. A casa, dantes alegre com o riso cristalino da criança, mudou-se em jazigo melancólico de saudade. Passei a viver entre sombras lamentosas.

Minha mulher, para quem a netinha era tudo, não fazia outra coisa senão evocá-la, reunindo lembranças: roupas que ela vestira, brinquedos que a acompanharam até a última hora, entre os quais a boneca, que foi com ela para a cova, porque a pobrezinha não a deixou até expirar.

Júlia... coitada! Nem sei como resistiu a tão fundos desgostos; seis meses depois do marido, a filha.

Pensei perdê-la. Todas as manhãs lá ia ela, para o cemitério, cobrir o pequenino túmulo de flores, e lá ficava, horas e horas, conversando com a terra, com o mesmo carinho com que conversava com a filha. Ia depois ao túmulo do marido e, assim, vivia entre mortos, alheia ao mais, indiferente a tudo.

Propus mudarmo-nos para Copacabana. Opôs-se. Insistiu em ficar na casa em que fora feliz e desgraçada, mas onde perduravam recordações do seu tempo de ventura.

Temi que a seduzissem para o Espiritismo, que a lançassem ao turbilhão do mistério em que se agitam as almas do nosso tempo, como endemoninhados da Idade Média corriam ao sabbat, nos desfiladeiros sinistros. No estado de abatimento moral em que ela se achava, seria arriscado perturbar-lhe a razão com práticas nigromânticas.

As minhas ordens, dadas em tom severo, foram obedecidas. Júlia passava os dias no quarto, que fora da pequena, e de fora ouvíamo-la falar, rir, contar histórias de fadas, exatamente como fazia durante a vida da criança.

Tais ilusões dolorosas eram bálsamos que mitigavam o sofrimento da alma, como a morfina alivia as dores. Cessada a ilusão, o desespero irrompia mais acerbo.

Uma noite, minha mulher entrou-me pelo escritório, lavada em lágrimas, e disse-me, abraçando-se comigo, que a filha enlouquecera.

— Por quê?! — perguntei.

— Está lá embaixo, ao telefone, falando com Ester.

— Que Ester?

— A filha...

Encarei-a demoradamente, certo que a louca era ela, não Júlia. Como se compreendesse o meu pensamento, ela insistiu:

— Lá está. Se queres convencer-te, vem até a escada. Poderás ouvi-la.

Fui. Como sabes, tenho dois aparelhos: um no "hall", outro, em extensão, no meu escritório.

Ficamos os dois, minha mulher e eu, junto à balaustrada do primeiro andar.

Júlia falava baixo, no escuro.

Por mais esforço que fizéssemos, não conseguíamos ouvir uma palavra. Era um sussurro meigo, cortado de risinhos. O que me pareceu (por que não dizê-lo?) foi que a conversa era de amor.

Tive ímpetos de violar o segredo de minha filha, mas o escrúpulo do meu cavalheirismo conteve-me.

— Por que dizes que ela fala com Ester? — perguntei à minha mulher.

— Por quê? Porque ela mesma me confessou, e não imaginas com que alegria!

Fiquei estatelado, sem compreender o que ouvia. De repente, numa decisão, entrei no escritório, desmontei lentamente o fone do aparelho, apliquei-o ao ouvido e ouvi.

Ouvi, meu amigo. Ouvi minha neta. Reconheci-lhe a voz, a doce voz, que era a música da minha casa... Mas não foi a voz que me impressionou, que me fez sorrir e chorar, senão o que ela dizia.

Ainda que eu duvidasse, com toda a minha incredulidade, havia de convencer-me, tais eram as referências, as alusões que a pequenina voz do Além fazia a fatos, incidentes da vida que conosco vivera o corpo do qual ela fora o som...

Mistificação? E que mistificador seria esse que conhecia episódios ignorados de nós mesmos, passados na mais estreita intimidade entre mãe e filha? Não! Era ela, a minha neta, ou antes, a sua alma visitadora que se comunicava daquele modo com o coração materno, levantando-o da dor em que jazia para consolação suprema.

Ouvi toda a conversa e compreendi que nos estamos aproximando da grande era; que os tempos se atraem — o finito defronta o infinito, e das fronteiras que os separam, as almas já se comunicam. E eis como me converti, eis porque te disse que a minha estrada de Damasco foi o escritório onde, se não fui deslumbrado pelo fogo celestial, ouvi a voz do céu, a voz do Além, da outra Vida, do mundo da Perfeição...

— Ouviste-a ao telefone... E por que não a ouves no ar, como a ouviu... São Paulo, por exemplo?

— Por quê? Porque o Espírito precisa de um meio em que se demonstre. Para viver conosco, encarna-se. O próprio Espírito de Jesus encarnou-se. O lume precisa de um combustível para arder e o lume é luz, eternidade: o som precisa de um órgão para vibrar. Todo o imaterial carece de um veículo para agir.

— Uma pergunta, apenas: — Como consegue Dona Júlia pôr-se em comunicação com o Espírito da filha? Não me consta que a 'Companhia Telefônica' tenha ligação com o Além.

— Respondo-te. Quando Júlia — disse-me ela própria — deseja comunicar-se com a filha, invoca-a, chama-a com o coração, ou melhor: com o amor, e ouve-lhe imediatamente a voz. Falam-se, entretêm-se, continuam a vida espiritual. A

que está lá em cima é feliz na bem-aventurança, e a que ficou na orfandade já não sofre, como dantes sofria, porque o que era esperança tornou-se certeza...

— Certeza de quê?

— De uma vida melhor e maior, de vida puramente espiritual, como a claridade, vida sem dores, sem os tormentos próprios da carne, que não é mais do que um cadinho em que nos depuramos em sofrimento para alcançarmos a Perfeição."

FONTE: *Revista Espírita Allan Kardec,* ano XII, n° 44.
(Jornal Mundo Espírita de Março de 2001).

SITUAÇÕES

— Como a Doutrina Espírita explica a vida e a morte?

— *Pela fé, viemos de Deus. Nossos pais nos receberam da Divina Providência e nos matricularam com um nome x. O nome que temos não é este, é apenas o nome que nossos pais nos deram no Cartório. Vivemos aqui durante um tempo como quem está internado num colégio. O corpo é a carteira em que sentamos para estudar. Amamos, brigamos, mas saímos sempre aprendendo alguma coisa e vamos para o lar de onde viemos, que é o mundo espiritual.*

Chico Xavier

(Do livro *Entender conversando,* Ide Editora.)

São várias as causas de morte. De sua ocorrência natural, pelo desgaste físico ocasionado pelo tempo, por acidente, enfermidade ou rupturas bruscas causadas por situações diferentes, inclusive provocadas, os próximos capítulos estudam essas situações à luz do conhecimento espírita.

Orson Peter Carrara

Capítulo 12

Morte Natural

A Doutrina Espírita é clara em suas bases com a demonstração inequívoca da imortalidade da alma. A morte biológica do corpo, certeza incontestável para corpos perecíveis, não atinge a alma no aspecto de sua destruição. Essa, a destruição, é apenas do corpo, pois a alma é indestrutível.

É notável pensar nos desdobramentos desse raciocínio. Na resposta à questão 149 de *O Livro dos Espíritos*, que indaga em que se torna a alma no instante da morte, obteve a seguinte resposta: *Volta a ser Espírito, quer dizer, retorna ao mundo dos Espíritos, que deixou momentaneamente.*

Convido o leitor a refletir sobre a sábia resposta, indicativa por si só de nossa realidade de criaturas imortais. Na sequência das questões, até a de número 164, todas constantes de capítulo específico na citada obra, e que traz o sugestivo título *Retorno da vida corpórea à vida espiritual* (capítulo III do livro II), o leitor encontra subsídios importantes para estudar o tema.

O que nos interessa, todavia, no presente capítulo, é a morte natural.

Nada mais natural, portanto, que, habitando corpos perecíveis e mortais, um dia tenhamos que devolvê-lo na transformação inevitável dos elementos materiais que o compõe.

Muita gente se preocupa com a dor na separação da alma e do corpo, o que também é objeto da explicação dos Espíritos, na questão 154, e que indico ao leitor pesquisar, para evitar simples transcrição e motivar a pesquisa diretamente na obra básica.

A morte natural é apenas consequência gradativa da habitação num corpo que se desgasta com o tempo, envelhece e sofre os efeitos próprios. O desespero ou medo diante desse fenômeno biológico natural decorre do desconhecimento de que não somos o corpo, *estamos no corpo*. Este, o corpo, é apenas instrumento temporário.

No comentário que acrescenta à resposta da questão 154, Allan Kardec informa: "Na morte natural, que chega por esgotamento dos órgãos, em consequência da idade, o homem deixa a vida sem o perceber; é uma lâmpada que se apaga por falta de alimentação".

Do ponto de vista físico, biológico, do corpo em si, afastada a alma – que retorna à Pátria de origem –, o que ocorre é realmente a desagregação celular, que destrói o corpo e devolve seus elementos à natureza. Mas, repetimos, não somos o corpo. Somos almas imortais. Portanto, não há o que temer. Antes, estudar para entender o assunto, que nos fará mais livres. Por isso, insisto com o leitor pesquisar, sim, as questões 149 a 164 de *O Livro dos Espíritos*.

É bastante oportuno buscar também o capítulo XXVIII de *O Evangelho Segundo o Espiritismo*, especialmente no item IV – *Preces por aqueles que não estão mais na Terra*, que apresenta sugestivos subtítulos.

A literatura espírita é rica em seus títulos, de autores espirituais ou não, apresentando todo esse acervo de conhecimentos para afirmar-nos com segurança e solidez: *somos todos imortais!*

Capítulo 13

ACIDENTES

Os ACIDENTES, DE VARIADA ORIGEM E DESDOBRAMENtos, costumam causar perplexidade aos envolvidos, que repentinamente se observam fora do corpo, expulsos pela ocorrência de acidentes fatais. Constatam, confusos, a realidade de enxergarem o corpo destroçado ou ferido mortalmente, em dupla realidade.

A reação ao fenômeno biológico da morte em acidentes é muito variável entre os Espíritos, a depender, naturalmente, do estágio de amadurecimento, do nível de apego às questões materiais, ao estágio consciencial de paz interior ou preocupações decorrentes de mágoas, medos, remorsos ou sentimentos de culpa.

O fato marcante é que os acidentes podem ser decorrentes de nossa imprevidência ou descuidos, precipitações ou invigilâncias, como também oriundos de quadros provacionais ou expiatórios.

Uma vez mais não podemos dispensar a clareza de *O Livro dos Espíritos*, especialmente na questão 257 – *Ensaio Teórico sobre a Sensação nos Espíritos*. Igualmente nas questões 258 a 273, o leitor encontra vasto conteúdo para entender as causas de determinados acontecimentos, muitos deles situados em provas e expiações.

Aliás, é importante entender bem o que são provas e expiações.

Provas são situações aceitas, solicitadas, sugeridas ou enviadas pela própria sabedoria da vida, para que conquistemos novos degraus de aprendizado e evolução. Expiações são consequências de nossos equívocos, precipitações e lesões causadas ao próximo ou a nós mesmos.

Não é difícil entender. Um exemplo simples facilita o raciocínio: quem quiser cursar uma universidade deverá submeter-se à prova do vestibular. Isso é prova: caminhos para o progresso, para o aprendizado. Já a expiação é resultante das lesões que causamos em nós mesmos pelos vícios ou comportamentos indesejáveis ou dos prejuízos que causamos ao próximo na área patrimonial, afetiva, espiritual, moral e mesmo física. A expiação é a exigência da reparação do mal que causamos pela consciência.

Muitos acidentes, pois, são situações de provas ou expiações. Todavia, mesmo sendo fatais, como é o caso da presente abordagem do capítulo, o que prevalece é a imortalidade da alma. Isso é o essencial.

Uma informação importante, todavia, é lembrar a existência de equipes espirituais socorristas que sempre amparam todos os casos de acidentes.

Capítulo 14

GUERRAS

AS GUERRAS CAUSAM MUITAS MORTES, COM ENORMES prejuízos entre as nações. Conforme ensinam os Espíritos, é a predominância da natureza animal sobre a natureza espiritual, na satisfação das paixões, a causa da guerra, conforme questão 742 de *O Livro dos Espíritos*.

Os Espíritos, cujos corpos morreram em situação de guerra, enfrentam igualmente as costumeiras situações de confusão em virtude do impacto e violência da ocorrência. Também nos campos de guerra é intensa a atuação de equipes espirituais socorristas.

Mas as reações individuais são variáveis, sempre resultantes do grau de amadurecimento e de mansidão ou violência interior de cada criatura. O que determina o grau de tranquilidade imediatamente após a morte é a conduta moral adotada durante a vida.

Uma vez mais, todavia, prevalece o essencial: a imortalidade de toda e qualquer criatura humana.

É interessante ao leitor, e não podemos deixar de sugerir, consulta às questões 742 a 745 de *O Livro dos Espíritos*, específicas sobre o tema.

Oportuno destacar, contudo, o ensino constante na questão 749, indicando sobre o grau de culpabilidade nas mortes que comete durante a guerra. A resposta é clara: *Não, quando ele é constrangido pela força. Mas ele é culpável pelas crueldades que comete e ser-lhe-á levada em conta sua humanidade.*

Capítulo 15

ENFERMIDADES

AS ENFERMIDADES QUE RESULTAM EM MORTE DO CORpo trazem lições de grande valor para a alma humana. Normalmente são enfermidades que se prolongam por tempo maior, trazendo reflexões à alma que pode autoavaliar-se no comportamento, amadurecendo através das lições pela dor e pela enfermidade.

Na desencarnação, o quadro de enfermidade poderá perdurar na vida espiritual ou desaparecer, a depender novamente do grau de amadurecimento e aceitação da experiência trazida pela doença.

Como se sabe, todas as doenças têm origem na alma, seja por bagagem de lesões de outras existências ou por vícios da presente existência. E o peso das emoções descontroladas exercem fundamental papel de saúde ou enfermidade na resistência imunológica do corpo. Publicamos, embora sem aprofundamento, o livreto *Por que adoecemos?* Justamente para abordar a questão.

No mundo espiritual, os quadros enfermiços da mente tendem a permanecer, com reflexos no perispírito, se a alma não se educar desde a vida material, disciplinando-se nas emoções e nos pensamentos.

Já aprendemos que os Espíritos estão revestidos de uma *substância vaporosa para nossos olhos, mas ainda bem grosseira para os Espíritos*, conforme indicação clara nas questões 93 a 95 de *O Livro dos Espíritos*, e que recebeu o nome de perispírito. Referido envoltório é o meio de ligação entre o corpo e a alma, por ser de natureza semimaterial e sujeito às lesões que causamos pelas emoções, pensamentos e intenções, e prejuízos que causamos em nós e em outras pessoas, causadoras, portanto, de enfermidades, e que podem perdurar no mundo espiritual com reflexos em existências futuras.

Portanto, o melhor caminho mesmo de saúde é a renovação dos pensamentos, é o aprimoramento dos sentimentos. Isto ocasionará tranquilidade na vida espiritual.

Capítulo 16

Eutanásia e Pena de Morte

A GRANDE QUESTÃO DA EUTANÁSIA É QUE, MUITAS VEzes, e, na maioria das vezes, os derradeiros momentos da vida material podem ser determinantes para a serenidade e a felicidade no mundo espiritual. Um instante de arrependimento, de remorso, pode poupar séculos de lutas e sofrimentos. Daí não termos o direito de cortar a vida de um doente terminal em grande sofrimento e sempre aguardar que a vida se interrompa por si mesmo.

Do ponto de vista material, é muito doloroso o sofrimento de um ser amado, mas, do ponto de vista espiritual, aqueles instantes, que podem ser meses de luta entre a vida e a morte, são normalmente de grande utilidade e valor para a alma, que tem oportunidade de refletir sobre os próprios atos e comportamentos adotados, podendo alterar totalmente o rumo evolutivo. A eutanásia pode comprometer esse instante tão importante para a vida imortal da alma.

Alguém que sofreu a prática da eutanásia poderá desesperar-se ou sofrer na vida espiritual por constatar os prejuízos do corte de vida antes do tempo que lhe daria oportunidade de refletir e até alterar o próprio rumo, permanecendo com o mesmo drama consciencial por resolver, o que poderia ter ocorrido com a não prática da eutanásia. O assunto é complexo e merece estudos e pesquisas específicas.

A pena de morte enquadra-se, no tocante às condições na vida espiritual, igualmente ao estágio de amadurecimento da alma.

Uma alma nobre, elevada, saberá perdoar a lamentável ocorrência resultante das condições sociais dos países que adotam a prática da pena de morte. Um Espírito rebelde, violento, terá dificuldades de aceitação e sofrerá com isso.

A pena de morte é ato bárbaro, bem próprio da

imperfeição humana, violentando a sociedade e com reflexos diretos no ambiente espiritual justamente pelas reações distintas entre os Espíritos submetidos à sua prática. Uns perdoam e prosseguem progredindo, outros se revoltam e perseguem seus executores, permanecendo em quadros de desequilíbrio.

Capítulo 17

Suicídio

O SUICÍDIO É UMA GRANDE ILUSÃO. MATA-SE O corpo, mas a alma permanece, pois que é imortal. O suicídio precipita seu protagonista em horizontes de sofrimento e dor, pois que o ato agressivo lesa o perispírito, além das dores morais decorrentes do arrependimento e da surpresa ou decepção própria da imortalidade constatada em si mesmo, com o agravamento do remorso, das condições físicas em que se sente, além do encontro com a própria consciência.

O Livro dos Espíritos reserva as questões 943 a 957 para tratar do assunto, com clareza e objetividade. Mas não é só. A literatura espírita é rica em informações.

O notável *Memórias de um Suicida*, de Yvonne Pereira, é um verdadeiro tratado sobre o tema. Referida obra, referencial doutrinário para estudar e ampliar o entendimento do assunto, gerou ainda outra obra que estuda seus capítulos: *Lições de um Suicida*, de Abel Sidney.

É sempre muito dolorido ter notícias de suicídios. A sensação que fica é que falhamos, coletivamente falando, deixando de estender as mãos a alguém que se sentiu sozinho, abandonado ou sem saber que rumo tomar diante das dificuldades próprias da vida humana.

Escrevi, há alguns anos, o artigo *Suicidar-se nunca!*, que foi publicado por diversos jornais e sites. Referido artigo gerou muitos e-mails de pessoas que me escreveram expondo seus dramas e buscando socorro, na motivação de vida oferecida pelo artigo.

Também o escritor e palestrante espírita Jamiro dos Santos Filho publicou duas obras que podem e devem ser indicadas para aqueles que se sentem fracassados, abatidos, deprimidos e que perderam a vontade de viver. Trata-se das obras *Tente outra vez* e *Para não perder a vontade de viver*, ambas destinadas à demonstração de que somos capazes de reagir às adversidades, que somos capazes de nos entregarmos à coragem e, ao mesmo tempo, sermos semeadores da esperança onde estivermos.

Suicidar-se não! Vida, vida sempre, vida abundante.

Capítulo 18

HOMICÍDIO

AFIRMAM OS ESPÍRITOS, NA QUESTÃO 746 DE *O Livro dos Espíritos*, que o homicídio é *grande crime, porque aquele que tira a vida do seu semelhante corta uma vida de expiação ou de missão, e aí está o mal.*

Esse *tirar a vida* do semelhante em assassinatos gera grave grau de responsabilidade no autor e reações diferentes naquele que lhe sofreu a ação. Isso também em função do grau de consciência e maturidade diante dos desafios enfrentados, inclusive de ter sido assassinado.

Um ser equilibrado, sereno, moralizado, saberá perdoar aquele que lhe tirou a vida física, abrindo caminhos, inclusive, para auxiliar o homicida. Uma criatura que se entrega à revolta, à perseguição ao autor do assassinato, todavia, estará entregue, porém, a situações de perturbação e sofrimento no mundo espiritual, justamente porque se entregou à revolta e normalmente à vingança.

A grande questão da situação no plano espiritual está nos sentimentos agasalhados. Bons sentimentos geram estadias equilibradas, e o oposto, ou seja, sentimentos de vingança e ódio, revolta e obsessão, geram estadias sombrias e sofredoras.

Vamos percebendo, ao longo dessas reflexões todas, o quanto é importante nos equilibrarmos desde já para construirmos um ambiente espiritual elevado e feliz, que será nossa morada no plano espiritual.

Capítulo 19

Mortes coletivas

A QUESTÃO DE MORTES COLETIVAS SEMPRE CAUSOU aflições consideráveis. Acidentes com ônibus, aviões, embarcações grandes ou pequenas, atentados, deslizamentos de terra, terremotos, tempestades, entre outras ocorrências.

O assunto pode ser pesquisado, estudado e compreendido com exatidão nas questões 737 a 741 de *O Livro dos Espíritos*, no subtítulo *Flagelos Destruidores*.

O que ocorre é que os quadros provacionais e expiatórios reúnem os Espíritos no local e data compatíveis com o planejamento anteriormente efetuado. A questão de provas e expiações está citada no capítulo 13 "Acidentes". Os mortos em ocorrências coletivas enquadram-se em quadros expiatórios ou provacionais, e, muitas vezes, simultaneamente em ambos. Como saber? Impossível, porque cada caso é um caso próprio, cuja origem está na bagagem e história individual e coletiva, pertencente ao planejamento espiritual.

Numa comparação, que pode ser até considerada vulgar, podemos dizer que é como um imã que reúne os protagonistas em suas necessidades para a reparação consciencial ou para necessidades provacionais.

A pesquisa às questões acima citadas traz reflexões de abrangência. Note-se, por exemplo, que o tema está inserido no capítulo da *Lei de Destruição*. Nada mais natural, pois que tudo que é material sofre a ação transformadora do tempo, por meio da destruição gradativa, natural e, muitas vezes, impactante e inesperada, como é o caso dos flagelos naturais ou acidentes que vitimam muitas pessoas.

Por outro lado, com sabedoria, os Espíritos indicam: "(...) os corpos não são senão os trajes com os quais eles aparecem no mundo. Nas grandes calamidades que dizimam os homens, é como um exército que, durante a guerra, vê seus trajes usados, rasgados ou perdidos. O general tem mais cuidado com seus soldados do que com suas vestes.", conforme trecho parcial da questão 738 da mesma obra.

As mortes coletivas também são, pois, experiências de aprendizado para todos. Exercita a inteligência, atinge o sentimento, enseja aprendizados e reparações da consciência e, uma vez mais, exalta a imortalidade. É tema empolgante para também estudar.

Capítulo 20

CRIANÇAS

A MORTE DE CRIANÇAS SEMPRE CAUSA GRANDE COmoção, em qualquer idade. A sensação comum diante da morte de crianças é de lamento e impotência. Todavia, o assunto mereceu também a atenção de Allan Kardec na solicitude dos Espíritos. Em *O Livro dos Espíritos,* o assunto está tratado nas questões 197 a 199, com o subtítulo *Destino das Crianças Depois da Morte.*

Na questão 199, por exemplo, indagados da razão de interrupção da vida na infância, responderam os Espíritos: "A duração da vida de uma criança pode ser, para o Espírito que nela está encarnado, o complemento de uma existência interrompida antes do seu tempo marcado, e sua morte, no mais das vezes, é uma prova ou uma expiação para os pais".

Há um comovente relato no livro *Ressurreição e Vida*, de Yvonne Pereira, sobre morte de criança, exatamente no capítulo III: *O Sonho de Rafaela*. Também o médium Francisco Cândido Xavier psicografou o livro *Crianças no Além*, trazendo alento aos pais que vivenciaram a experiência da morte de filhos em tenra idade. Vários outros autores abordaram o assunto, como André Luiz, também pela psicografia de Chico Xavier, em diversas de suas obras, entre outros autores.

As crianças igualmente são Espíritos experimentados, voltando em estágios de aprendizado. A morte na infância pode estar enquadrada em processos provacionais ou expiatórios, inclusive para os pais. Uma vez desencarnadas, recebem toda a atenção dos benfeitores espirituais para continuarem sua trajetória de evolução.

Em *O Evangelho Segundo o Espiritismo*, no capítulo V, exatamente no item 21, com o sugestivo título *Perda de Pessoas Amadas. Mortes Prematuras*, o leitor encontra confortadora mensagem assinada pelo

Espírito Sanson e destinada especialmente aos pais e familiares envolvidos nas ocorrências tão comuns de morte de entes queridos e, especificamente, de filhos, especialmente quando na fase infantil. Sugiro com ênfase ao leitor.

O fato maior, contudo, que nunca cansamos de repetir, é a exuberância da imortalidade da alma, que nos garante continuar vivendo, apesar da morte biológica do corpo.

Capítulo 21

Aborto

A violência do aborto, como ato criminoso, igualmente traz sofrimentos para o Espírito reencarnante. Basta pensar que se trata de um assassinato num ser que não tem boca para gritar nem mãos para se defender.

Todavia, como ninguém está desamparado, também eles recebem amparo no plano espiritual. Há que se considerar, todavia, que é difícil – para não dizer raro nas condições em que nos encontramos no planeta –, para aquele que sofre a prática do aborto, esperançoso que se acha do recomeço de nova existência, receber tamanho golpe sem um desequilíbrio que seja.

Referido desequilíbrio provoca estados de perturbação no plano espiritual, com agravantes de obsessão para seus autores, além de desdobramentos no futuro. Importante, portanto, consultar as questões 344 a 360 de *O Livro dos Espíritos* para entender ainda mais a questão. Aquele que foi abortado deverá recomeçar e, claro, apenas uma alma equilibrada conseguirá, num primeiro momento, perdoar seus algozes. E a ausência de perdão perturba. Por isso, nosso dever como pais e familiares ou profissionais de medicina é sempre preservar e respeitar a vida, pois ali, no útero materno, nas pequenas batidas do coração ou no multiplicar das células, também está um ser vivo, animado por um Espírito que retorna pelos caminhos da reencarnação.

Não é nosso objetivo falar do aborto, razão pela qual indicamos aos leitores que há uma grande quantidade de obras que tratam do assunto, especialmente a obra *Aborto à luz do Espiritismo*, assinada pelo escritor e orador espírita Eliseu Motta Junior.

TEMAS

Os nossos Amigos Espirituais são unânimes em declarar que a desencarnação, de modo geral, é o processo que nós conhecemos no campo exterior de nossas observações. Mas, do ponto de vista espiritual, a desencarnação varia para cada pessoa, porque cada pessoa transporta consigo para a outra vida a própria vida que levou neste mundo. De modo que todas as nossas figurações mentais, o conjunto de nossas lembranças, alegrias íntimas, ressentimentos, as nossas dores, aspirações, elas formam o conjunto do clima em que a nossa desencarnação se verificará.

Chico Xavier

(Do livro *Entender conversando*, Ide Editora.)

É MUITO EXPRESSIVO O LEGADO DE CONHECIMENTOS trazidos pela Doutrina Espírita, seja na obra da Codificação ou pela sequencia natural de comunicações que somam-se ao conhecimento, Para embasar o estudo do tema, selecionamos itens e indicações que ampliam o entendimento junto às reflexões e estudos que todos podemos fazer.

Orson Peter Carrara

Capítulo 22

VESTE QUE APODRECE

A EXPRESSÃO SOA FORTE, MAS REFLETE A REALIDADE. Na resposta à questão 196 de *O Livro dos Espíritos*, os Espíritos informam que o Espírito é tudo e que o *corpo é simples veste que apodrece.*

Essa expressão sempre me chamou a atenção. Embora seja bem forte realmente, ela é realidade que não temos como fugir. Desde que nascemos, na condição infantil, e vamos nos desenvolvendo fisicamente, utilizando todo o mecanismo do corpo, já estamos num processo natural e gradativo de desgaste. Afinal, não somos o corpo, estamos nele. É um instrumento temporário e sujeito às ações do tempo, que o envelhece, ou do mau uso e mesmo de enfermidades ou acidentes que o danificam parcial ou totalmente. Daí a morte, ou ocorrências que a ele levam, em suas variadas expressões.

Considerando, porém, a imortalidade do ser – tão bem expressa e apresentada por Jesus, ora estudada e tão bem demonstrada pela Doutrina Espírita – a chamada morte perde as características assustadoras com que foi revestida através dos séculos ou milênios da história. A cultura humana, hábitos, costumes e tradições fizeram do fenômeno natural da morte – que nada mais é que a libertação do ser em experiência na carne, por meio da encarnação – um amontoado de horrores, onde se incluem seres em decomposição que perseguem os que ainda estão na carne ou assombram crianças e adultos durante noites de luar. Agregou-se a isso todo um cenário de tristeza, com cores e rituais, como a caracterizar o fim daquele que deixou o corpo. Curiosamente, porém, as contradições são tão evidentes que se apresentam já no anúncio de falecimento, quando a expressão usada comumente é: *o corpo está sendo velado*, com a indicação do local e horário de sepultamento. Ora, a simples citação de que o corpo está sendo velado já indica, por si só, que não se refere à pessoa, mas, sim, ao corpo que ela usou. Isso também indica que ela deixou o corpo e partiu.

Mas partiu para onde? Onde está? Como está? Com quem?

Simultaneamente a tudo isso, as cerimônias fúnebres levam ao sofrimento face ao indicativo de fim, de reencontro e comunicação impossíveis e, portanto, de destruição total do ser.

As religiões, por sua vez, proclamam a vida no Além, mas se perdem no misticismo para eventuais contatos, na falta de informações ou em informações marcadas por ameaças e medos, como se fôssemos criaturas destinadas a um lugar incerto e macabro, o que, absolutamente, não corresponde à verdade.

E para piorar tudo, a proclamação da existência do diabo, figura lendária e inexistente, criada para manipular pelo medo, e do chamado inferno só vieram agravar a velha questão da imortalidade, fazendo com que a imaginação irracional criasse ambientes totalmente absurdos e sem nenhum fundamento coerente com a bondade e justiça de Deus.

Aliás, vale dizer que *céu* e *inferno* são estados

conscienciais e não lugares criados para *tocar harpas* ou *queimar* indefinidamente, conforme o caso.

A questão está amplamente desenvolvida no livro *O Céu e o Inferno*, de Allan Kardec, com capítulos específicos sobre o *céu* e o *inferno*, obviamente, e também sobre o temor da morte, anjos e demônios, entre outros temas correlatos, mas enriquecido por depoimentos de Espíritos nas mais diversas condições de vida no plano espiritual.

Para o leitor novato ou nos primeiros contatos com a literatura espírita, é imprescindível conhecer a obra básica que se desdobrou nas demais obras da Codificação Espírita e deu origem à vasta literatura espírita disponível atualmente e mesmo às atividades coordenadas pelas instituições inspiradas pelo Espiritismo.

A imortalidade é palpável e não fruto da imaginação. A vida depois da morte é realidade pesquisável, e a vida corpórea, rápida e mera passagem, que, embora deva ser respeitada e preservada – pois que se constitui em abençoada escola – é secundária, pois a vida verdadeira é a vida espiritual, origem e destinação de todos nós.

Realmente tem razão os Espíritos em afirmar que o corpo é veste que apodrece, dada a precariedade de estrutura e durabilidade da vida física. Somos Espíritos, seres imortais, utilizando corpos carnais sequenciais, que são instrumentos de progresso para a alma imortal. Aliás, a imortalidade é um dos princípios básicos da Doutrina Espírita. Para compreendê-la, eis que a incomparável obra *O Livro dos Espíritos*, de Allan Kardec, aí está para estudo e pesquisa do leitor.

Convido o leitor a pesquisar o índice da citada obra básica. Capítulos e subtítulos destacam e desdobram em abundância a envolvente questão da imortalidade da alma. Questões específicas ali estão para que possamos todos compreender a magna realidade de que somos seres imortais e não corpos que se destroem ou apodrecem nos fenômenos naturais da Lei de destruição.

A morte é fenômeno biológico natural. Não devemos temê-la, nem procurá-la ou provocá-la, pois isso provoca perturbações. Diante de sua ocorrência, porém, mantermo-nos serenos e confiantes perante a ilusão que o fenômeno em si representa, já que a consciência permanece com as bagagens já adquiridas e prossegue sua luta de aprimoramento intelecto-moral.

É exatamente isso que discutiremos no decorrer das páginas e capítulos seguintes: exaltar esse que, na opinião pessoal desse autor, é dos maiores presentes de Deus às suas criaturas, que somos todos nós: a imortalidade da alma.

Nada se perderá! Continuaremos a viver para sempre para alcançar estágios de felicidade e vivência que se transformam em servir e servir, na alegria do bem e do trabalho contínuo, uns em favor dos outros!

Capítulo 23

IMORTALIDADE DA ALMA

ALLAN KARDEC COLOCOU UMA PERGUNTA INSTIGAN-
TE – pelo menos para os que não estão habituados à
literatura e ao estudo espírita – em *O Livro dos Médiuns*,
no primeiro capítulo da primeira parte, *Noções Prelimi-
nares: Há Espíritos?*

As considerações do Codificador são muito expressivas, principalmente para quem deseja raciocinar
sobre a continuidade da vida além-túmulo. Especificamente no item 2 do citado capítulo, Kardec leva o leitor a pensar, desde que se admita a existência da alma
e sua individualidade após a morte, na naturalidade do
processo de continuidade da vida – através da consciência do ser e, portanto, manutenção da personali-

dade, com seus vícios, conquistas, virtudes e conhecimentos. Isso, igualmente, leva ao raciocínio de que a imortalidade mantém os sentimentos, que podem ser, por exemplo, de saudade e ligação com os entes queridos que ainda permanecem na vida física que para ele se encerrou.

Serão de muita utilidade para o leitor a leitura e estudo, ainda que apenas do citado item 2, na referida obra, para facilitar o entendimento da questão. E guardo comigo a certeza de que o texto, claro e atraente por si só, levará à leitura do capítulo todo.

Princípio básico

A imortalidade da alma, ou sobrevivência do ser após a morte do corpo, é um dos princípios básicos da Doutrina Espírita, ou seja, um de seus fundamentos que, somados aos demais, formam sua estrutura doutrinária. Não como fruto da imaginação humana, mas como resultado de leis estabelecidas pelo Criador.

Sim! Justamente porque somos seres imortais, ocupando temporariamente corpos carnais com finalidades de progresso e aprendizados.

Afinal, se tudo se acabasse com a morte do corpo, de que valeria todo o esforço dispendido durante o tempo de vida no corpo? De que valeriam os aprendizados e experiências? Não é mais lógico pensar que tais aprendizados nos preparam para futuras etapas gradativas de mais aprendizados, de maturidade e trabalhos que nos aguardam?

E uma vez admitida a imortalidade do ser principal, extra-corpo físico, para onde iria a alma após a morte do citado corpo? Com quem estaria? E fazendo o quê?

Estariam para sempre perdidos os laços de amor e afeto entre as almas?

E por que princípio básico?

Justamente porque estrutura o fundamento. Mas não só por isso. É também lei estabelecida pelo Criador. Não se trata apenas de uma ideia para defender a outra, mas realidade palpável.

Vejamos num compacto retrospecto histórico humano:

> a) Desde a idade da pedra, houve o culto aos mortos, indicando, pois, a crença instintiva da continuidade da vida após a morte;

b) A tentativa de conservação dos corpos para retorno à vida física em tempo não identificado;

c) Variadas formas de tentativas para comunicação com os, então, chamados deuses;

d) Os rituais e todo misticismo envolvendo o contato ou tentativas de contato com os chamados seres do outro mundo;

e) A chegada de Jesus e, mostrando a naturalidade do perfil imortal do Espírito, provando ele mesmo essa realidade;

f) A vinda do Espiritismo, que, codificado por Allan Kardec, trouxe as bases para o entendimento definitivo da magna questão.

Com a Codificação Espírita – e para entendê-la em sua grandeza, deveremos estudar sua história, seus fundamentos e desdobramentos –, desaparecem misticismos e rituais para o surgimento do raciocínio no trato com a questão.

Já não há mais dúvidas. O próprio raciocínio sobre o assunto traz conclusões naturais e abrangentes.

Afinal, como disseram os Espíritos na resposta à questão 196 de *O Livro dos Espíritos* – base do capítulo anterior da presente obra – o corpo nada mais é do que uma veste que apodrece. Continuemos, porém. Vejamos a fundamentação doutrinária espírita para a temática.

Capítulo 24

CLAROS FUNDAMENTOS

O INCOMPARÁVEL *O LIVRO DOS ESPÍRITOS* É CLARO EM suas questões e respostas para esclarecer desde o mais simples ao mais exigente questionamento. A distribuição didática das matérias é simplesmente empolgante por permitir verdadeiros estágios de pesquisa, raciocínio e ampliação do entendimento.

Na presente temática, abordando a imortalidade da alma, acompanhemos a pequena sequência que selecionamos:

a) Questão 85 – indicação clara: o mundo dos Espíritos *preexiste e sobrevive a tudo*. A existência prévia e a sobrevivência posterior demonstram qual é o mundo principal, onde está a vida verdadeira e abundante. E aqui nos limitamos a um comentário compacto, que abre imensas perspectivas de debates e raciocínios;

b) Questão 132 – informação exponencial: *Deus lhes impõe a encarnação com o objetivo de fazê-los chegar à perfeição.* Evidência da necessidade das experiências repetitivas de aprendizado, em existências com tempo determinado ou programado, mas sem os horrores da destruição que não atinge o ser principal, que é o Espírito imortal;

c) Questão 134 – clareza didática: *as almas não são senão os Espíritos. (...) revestem temporariamente um envoltório carnal para se purificar e esclarecer.*

d) Questão 149 – no instante da morte, *a alma volta a ser Espírito, quer dizer, retorna ao mundo dos Espíritos, que deixou momentaneamente.*

e) Questão 150 – talvez uma das respostas mais confortadoras, afirmando que a alma não perde a sua individualidade após a morte do corpo;

f) Questão 153 – confirmando as respostas anteriores: *É a vida do Espírito que é eterna; a do corpo é transitória e passageira. Quando o corpo morre, a alma retorna à vida eterna.*

A seleção acima, parcial é óbvio – já que referida fundamentação também está em outras questões –, objetiva apenas encaminhar os capítulos para esse caráter consolador, confortador, da imortalidade da alma.

Uma expressão comum muito usada é de que o *Espiritismo matou a morte.* Realmente. Não há mais o que temer. Se relermos atentamente as questões acima selecionadas, notaremos a naturalidade das informações, todas elas revelando e confirmando que somos seres imortais. Na sequência das questões 150 a 153, inclusive, há abordagem sobre o instante da morte e da perturbação dos primeiros instantes, temas que abordaremos em outro capítulo. Todavia, mesmo assim, recomendamos aos leitores que busquem essas questões. São também muito confortadoras.

Por outro lado, em *O Céu e o Inferno,* obra integrante da Codificação Espírita que analisa a Justiça Divina segundo o Espiritismo, há no capítulo II –

Temor da Morte, expressivo texto do Codificador com o sugestivo título *Por que os espíritas não temem a morte*. É texto breve, com apenas dois parágrafos, mas com toda a lucidez de Allan Kardec e que merece ser destacado em alguns trechos:

"10 – A Doutrina Espírita muda inteiramente a maneira de encarar o futuro. A vida futura não é mais uma hipótese, mas uma realidade; o estado das almas depois da morte não é mais um sistema, mas um resultado da observação. O véu foi levantado; o mundo espiritual nos aparece em toda a sua realidade prática; não são os homens que o descobrem pelo esforço de uma concepção engenhosa, mas são os próprios habitantes desse mundo que nos vêm descrever a sua situação; (...)"

E prossegue com a firmeza de quem raciocina sobre fatos:

"(...) Aí está, para os espíritas, a causa da calma com a qual encaram a morte, da serenidade dos seus últimos instantes na Terra. O que os sustenta não é somente a esperança, é a certeza; sabem que a vida futura não é senão a continuação da vida presente em melhores condições, e a esperam com a mesma confiança que esperam o nascer do Sol depois de uma noite de tempestade. (...)"

Mas não é só. É muito confortador, estimulador mesmo, ler a sequência do texto que não posso deixar de transcrever: "(...) Os motivos dessa confiança estão nos fatos dos quais são testemunhas, e no acordo desses fatos com a lógica, a justiça e a bondade de Deus, e as aspirações íntimas do homem. (...)".

Fatos testemunhados e de acordo com a lógica, a justiça e a bondade de Deus

É importante destacar esse detalhe de *fatos testemunhados* e ainda em *acordo com a lógica, a justiça e a bondade de Deus*. Nem sempre se presta a atenção que o detalhe merece.

A revelação espírita não é fruto da imaginação de um homem. É fruto da observação testemunhada de fatos. Por isso é importante, antes da crítica vazia ou da descrença, que se conheça as origens do Espiritismo e os acontecimentos históricos que se seguiram. É muito confortador verificar, na sequência de tal análise e raciocínio, a perfeita coerência com a justiça e bondade de Deus, além da lógica da ideia em si.

Allan Kardec conclui seu expressivo texto, no mesmo item 10 – de apenas dois parágrafos como dissemos – com essa notável observação:

"(...) em lugar de estarem perdidos nas profundezas do espaço, eles estão ao nosso redor; o mundo corporal e o mundo espiritual estão em perpétuas relações, e se assistem mutuamente. A dúvida sobre o futuro não sendo mais permitida, o temor da morte não tem mais razão de ser; encara-se a sua chegada a sangue frio, como uma libertação, como a porta da vida e não com a porta do nada."

Não é confortador ler algo assim? Apenas confortador? Não, mas embasado na lógica, no bom senso, na racionalidade que se espera de quem quer indagar com competência.

E para ampliar ainda mais tais considerações, convido o leitor a estudar o capítulo II – *Meu Reino não é deste mundo* de *O Evangelho Segundo o Espiritismo*, verdadeira joia de exaltação à imortalidade.

Esperanças e consolações

Não posso concluir um capítulo de fundamentação doutrinária, todavia, sem citar outros pontos importantes de *O Livro dos Espíritos*, ainda que não consiga esgotar referida fonte de fundamentos doutrinários. Em outros capítulos, ampliaremos a abordagem de determinados subtítulos constantes do *Livro Quarto – Esperanças e Consolações* da citada obra básica, mas aqui citamos, para concluir, o expressivo conteúdo dos subtítulos *Perda de pessoas amadas, Medo da morte, Vida futura, Paraíso, inferno e purgatório*, onde o leitor pode perceber a abrangência dos temas tratados, aos quais encaminho a atenção para estudo e reflexão.

Capítulo 25

PARA CONFORTO DO LEITOR

BUSCAMOS EM ALLAN KARDEC ITENS ESPECÍFICOS E importantes que trazem imenso conforto moral diante da ocorrência inevitável da partida de entes queridos pelos fenômenos biológicos da morte.

Importante que tenhamos tais referências e meditemos demoradamente sobre os ensinos dos Espíritos. Vejamos:

Em *O Livro dos Espíritos*:

286. *Deixando seus despojos mortais, a alma vê imediatamente os parentes e amigos que a precederam no mundo dos Espíritos?*

"Imediatamente, ainda aqui, não é o termo próprio. Como já dissemos, é-lhe necessário algum tempo para que ela se reconheça a si mesma e alije o véu material."

287. *Como é acolhida a alma no seu regresso ao mundo dos Espíritos?*

"A do justo, como bem-amado irmão, desde muito tempo esperado. A do mau, como um ser desprezível."

289. *Nossos parentes e amigos costumam vir-nos ao encontro quando deixamos a Terra?*

"Sim, os Espíritos vão ao encontro da alma a quem são afeiçoados. Felicitam-na, como se regressasse de uma viagem, por haver escapado aos perigos da estrada, *e ajudam-na a desprender-se dos liames corporais (...)*."

297. *Continua a existir sempre, no mundo dos Espíritos, a afeição mútua que dois seres se consagraram na Terra?*

"Sem dúvida, desde que originada de verdadeira simpatia. (...) As afeições entre os Espíritos são mais sólidas e duráveis do que na Terra, porque não se acham subordinadas aos caprichos dos interesses materiais e do amor-próprio."

Em *O Livro dos Médiuns*:

Recomendamos leitura e estudo dos capítulos:

Na Primeira parte:

I – Há Espíritos?

Na Segunda parte:

VIII – Laboratório do Mundo Invisível

XXIV – Identidade dos Espíritos

Em *O Evangelho Segundo o Espiritismo*:

O monumental caráter consolador dessa obra básica do Espiritismo apresenta diversos capítulos que ajudam a superar e compreender a dor da separação física temporária de entes queridos que partiram antes. O capítulo V – *Bem-Aventurados os Aflitos*, específico para o tema da presente obra, é excelência sobre o assunto. Tanto que optamos por transcrever subtítulo específico no início da obra, justamente com o título *Perda de entes queridos. Mortes Prematuras*.

Em *O Céu e o Inferno*:

É muito interessante que o leitor busque pesquisar essa outra notável obra, especialmente o capítulo *I – O Futuro e o Nada – Temor da Morte*, na primeira parte e todos os capítulos da segunda parte, onde o Codificador Allan Kardec reuniu depoimentos de diferentes Espíritos nas mais diversas condições espirituais, desde os que se consideram felizes até os criminosos, arrependidos e endurecidos.

Capítulo 26

IMORTALIDADE

DENTRE OS PRINCÍPIOS BÁSICOS DA DOUTRINA ESPÍRIta, a imortalidade apresenta-se como vigorosa pilastra que, integrada aos demais – igualmente pilastras inseparáveis –, abre imensos horizontes e perspectivas de conforto, consolo e ilimitadas possibilidades de aprendizado, aprimoramento e convivência.

É que a vida não está limitada ao estreito limite da curta existência terrestre. O próprio bom senso, e mesmo a razão, indica que o vigor da vida extrapola os limitados anos de uma existência ainda marcada por atropelos, adversidades e dificuldades próprias de nosso estágio (ao lado de alegrias possíveis, é óbvio), para ampliar, isto sim, nossos parâmetros às vastidões do universo, em crescentes oportunidades de evolução.

Ora, isto só é possível com a imortalidade. Se a descartarmos, a vida perde o sentido. Afinal, o tempo limitado de vida física impede esse olhar para o futuro. Basta raciocinar para sentir que a vida é muito mais do que dormir, alimentar-se, reproduzir-se ou trabalhar pela sobrevivência.

Há um sentido de construção da própria felicidade, que traz o mérito do esforço empreendido e, igualmente, um dever de solidariedade mútua que envolve todos os seres.

É que, "(...) *Demonstrando a existência e a imortalidade da alma, o Espiritismo reaviva a fé no futuro, levanta os ânimos abatidos, faz suportar, com resignação, as vicissitudes da vida. Ousaríeis chamar a isto um mal? Duas doutrinas se defrontam: uma, que nega o futuro; outra, que lhe proclama e prova a existência; uma, que nada explica, outra, que explica tudo e que, por isso mesmo, dirige-se à razão; uma, que é a sanção do egoísmo; outra, que oferece base à justiça, à caridade e ao amor do próximo. A primeira somente mostra o presente e aniquila toda esperança; a segunda consola e desvenda o vasto campo do futuro. Qual a mais preciosa? (...)"*, conforme *O Livro dos Espíritos,* na Conclusão, item III.

E, "(...) apoia-se na imortalidade da alma, nas penas e recompensas futuras, na justiça de Deus, no livre-arbítrio do homem, na moral do Cristo.(...).", conforme trecho constante na Questão 222 de *O Livro dos Espíritos.*

Este *apoiar-se na imortalidade, nas penas e recompensas futuras, na justiça de Deus, no livre-arbítrio do homem e na moral do Cristo,* é o embasamento para compreender o ensino espírita nas questões de seus princípios fundamentais, que, aliás, valem ser recordados:

1 – Existência de Deus

Deus existe. *É a inteligência suprema, causa primária de todas as coisas.* (questão nº 1 de *O Livro dos Espíritos*)

2 – Imortalidade da Alma

Somos seres imortais. Viveremos para sempre. Não somos o corpo, estamos no corpo em experiências que visam nosso aprimoramento intelecto-moral.

3 – Pluralidade dos Mundos Habitados

A Terra é apenas uma das moradas onde habitam os filhos de Deus.

4 – Pluralidade das Existências

A vida é única, todavia, vivemos diversas existências com a mesma finalidade de promover o progresso e aprimoramento intelecto-moral dos filhos de Deus.

5 – Comunicabilidade dos Espíritos

Os seres que Deus criou nunca perdem o contato, mesmo que temporariamente separados pela ocorrência da desencarnação, ou, na linguagem humana, morte.

Notemos que tais princípios promovem a evolução dos filhos de Deus, que somos todos nós. Tais princípios foram apresentados também por Jesus, em seus ensinos, e didaticamente organizados pela Codificação Espírita. Estão embasados no Evangelho de Jesus (que, aliás, constitui, em linguagem figurada, o perfume, o sabor do Espiritismo) e submetem-se à lei de ação e reação. Ou de causa e efeito.

Aliás, é oportuno reproduzir aqui, parcialmente,

a profunda citação constante em *O Evangelho Segundo o Espiritismo*: "(...) *Bebei na fonte viva do amor e preparai--vos, cativos da vida, a lançar-vos um dia, livres e alegres, no seio d'Aquele que vos criou fracos para vos tornar perfectíveis e que quer modeleis vós mesmos a vossa maleável argila, a fim de serdes os artífices da vossa imortalidade.*"

Concorda o leitor que as expressões *cativos da vida* e *artífices da vossa imortalidade* extrapolam os estreitos limites da vida material? E que a transcrição acima é portadora de uma mensagem firme de esperança e motivação?

Capítulo 27

PLANEJANDO UMA ENCARNAÇÃO

EM MEU LIVRO *REENCARNAÇÃO*, COLOQUEI NO FINAL DA obra como *Apêndice* o que chamei de *Projeto Reencarnatório*, que traz o embasamento doutrinário do planejamento que se faz para cada processo de reencarnação. Como tenho feito simulação de referido planejamento, nas palestras, passei para o livro o conteúdo que embasa a abordagem.

É que o princípio da *Pluralidade das Existências* sugere e leva a pensar que nossas existências não estão entregues a um acaso. Obedecem, igualmente, a critérios de sabedoria, justiça e igualdade entre os seres criados por Deus. Por dedução direta, a imortalidade surge como fundamento para que tal ocorra. Afinal, quando uma criança nasce, ela veio de algum lugar: justamente o reino da imortalidade.

A fundamentação pode ser entendida, com clareza, através das seguintes questões expostas em *O Livro dos Espíritos*:

166. *Como pode a alma que não alcançou a perfeição durante a vida corpórea acabar de depurar-se?*

"Sofrendo a prova de uma nova existência."

— *Como realiza essa nova existência? Será pela sua transformação como Espírito?*

"Depurando-se, a alma indubitavelmente experimenta uma transformação, mas, para isso, necessária lhe é a prova da vida corporal."

167. *Qual o fim objetivado com a reencarnação?* "Expiação, melhoramento progressivo da Humanidade. Sem isto, onde a justiça?"

171. *Em que se funda o dogma da reencarnação?*

"Na justiça de Deus e na revelação, pois incessantemente repetimos: o bom pai deixa sempre aberta a seus filhos uma porta para o arrependimento. Não lhe diz a razão que seria injusto privar para sempre da felicidade eterna todos aqueles de quem não dependeu o melhorarem-se? Não são filhos de Deus todos os homens? Só entre os egoístas se encontram a iniquidade, o ódio implacável e os castigos sem remissão."

Naturalmente que outras questões de grande importância, para estudo e compreensão do tema, mesmo em outras obras, inclusive clássicas, complementam o assunto. Porém, para efeito didático da presente abordagem, as questões acima enumeradas fornecem a ideia básica da reencarnação.

Fica fácil entender, pois, no estudo das questões acima, e mesmo refletindo de maneira mais ampla sobre a pluralidade das existências, que a superação de provas, o processo de depuração de si mesmo, o melhoramento progressivo da humanidade e o sentido intrínseco de justiça embutido no citado princípio requerem um planejamento prévio, um projeto reencarnatório, assim podemos chamar.

Como já vivíamos antes da presente existência, programamos as situações que ora vivenciamos ou fomos orientados e, até mesmo, compulsoriamente fomos trazidos para cumprir um programa estabelecido previamente, mas visando os itens próprios da finalidade reencarnatória, conforme definida nas questões acima transcritas.

Considerando que a sabedoria divina está sempre presente, é notório aceitar que estamos todos conduzidos por um Poder Superior absolutamente baseado na bondade e na justiça. Isso nos leva a aceitar, com naturalidade, que há um planejamento, um programa, para cada encarnação, de cada pessoa. Igualmente baseado na imortalidade, porque considera conquistas do passado, entre méritos, carências e necessidades, projetando-se para proporcionar progresso e aprendizado.

Ora, tal projeto reencarnatório pode prever ou contemplar desencarnações inesperadas ou acidentais, por nós consideradas prematuras, enquadradas, porém, nas necessidades e carências do reencarnante.

Interessante porque os entes queridos envolvidos nesses processos, muitas vezes dolorosos sob o ponto de vista humano, mas normalmente valorosos sob o ponto de vista espiritual – pois libertadores de consciências –, também integram tais projetos. Muitas vezes, envolveram-se nos débitos, vieram para auxiliar ou aprender, e, em muitas ocasiões, traduzem necessidades ou carências próprias nas provações que enfrentam – também visando aprendizados, repetimos.

Ouvimos de certa mãe, diante da desencarnação acidental da filha, em atitude de profunda resignação ativa em face do inevitável, que ela, em sã consciência, com conhecimento espírita, não poderia alterar o projeto reencarnatório da própria filha, portando-se com revolta e não aceitação. Ora, o acidente, naturalmente, pelas circunstâncias em que ocorreu, deixou evidente um planejamento prévio.

Em condições normais, as existências corpóreas são planejadas com antecedência, atendendo aos objetivos de progresso do Espírito. Local, ambiente, época, família e demais itens principais da vida humana são minuciosamente estudados para atender às necessidades e anseios do Espírito reencarnante. Mesmo nos casos onde o Espírito reencarnante não reúne condições para participar dos estudos, escolhas e decisões, é seu próprio estado interior que determina, sob supervisão dos benfeitores espirituais, a programação a ser cumprida.

Obviamente méritos e deméritos são considerados. Inúmeros amigos do candidato à reencarnação participam e integram o programa reencarnatório, e, mais interessante, sem prejuízo da programação própria de cada um.

Na verdade, todas as condições e recursos são colocados à disposição, embora os agravantes de débitos a serem resgatados. Mas todos temos amigos que igualmente comparecem para auxiliar o processo.

Na verdade, a reencarnação tem finalidade educativa. No retorno à vida espiritual, verificamos os êxitos e fracassos. Orientados por amigos mais experientes e participantes de nosso progresso, programamos a próxima existência. Tudo para que possamos dar mais passos na senda evolutiva.

É um caminho de justiça, de oportunidades, apresentando uma característica muito importante: não temos do que reclamar, pois as condições e recursos que reunimos, as dificuldades necessárias que deveremos enfrentar, as limitações e possibilidades; as pessoas das quais estaremos cercados, e mesmo o ambiente, a época, entre outras citações que poderíamos enumerar, obedecem todos à construção que nós mesmos fizemos, através de pensamentos, atitudes, ações e comportamentos do passado.

Daí a reflexão do quanto é importante valorizar a presente existência. Ela é igualmente construtora das existências que ainda virão. Nossas ações e pensamentos, atitudes e comportamentos, estágio moral, simpatias e antipatias que construímos ou conquistamos, tudo isso vai ser item a ser considerado num próximo planejamento reencarnatório.

Percebemos, com clareza, que somos nós mesmos os construtores da nossa infelicidade e ou da nossa felicidade.

Se você que nos lê viveu a situação da separação de um ente querido, procure tranquilizar-se. Todos estamos amparados pela bondade de Deus. Através de mensageiros do amor, todas as criaturas que diariamente partem do planeta, através do fenômeno que denominamos morte, são recebidas carinhosamente por amigos do plano espiritual.

Claro que, se a pessoa partir em paz consigo mesma, terá mais facilidade de adaptar-se à nova vida. No caso de pessoas que partem perturbadas ou em desequilíbrio, da mesma forma a bondade divina manifesta-se. Da mesma forma, amigos espirituais encaminham auxílio e orientação.

Capítulo 28

DUAS MENSAGENS CONSOLADORAS

COMO SE SABE, O MÉDIUM FRANCISCO CÂNDIDO Xavier, desencarnado em 2002, psicografou muitas mensagens ditadas por Espíritos que vieram confortar corações amados, dando notícias da nova morada e da nova realidade que encontraram. Além das mensagens consoladoras, muitos Benfeitores Espirituais igualmente ditaram textos que alcançam o coração sofrido, especialmente pelo conteúdo esclarecedor. Selecionamos duas delas, ambas de autoria de Emmanuel:

Eles vivem

Ante os que partiram, precedendo-te na Grande Mudança, não permitas que o desespero te ensombre o coração.

Eles não morreram.

Estão vivos.

Compartilham-te as aflições, quando te lastimas sem consolo. Inquietam-se com sua rendição aos desafios da angústia quando te afastas da confiança em Deus.

Eles sabem igualmente quanto dói a separação.

Conhecem o pranto da despedida e te recordam as mãos trementes no adeus, conservando, na acústica do Espírito, as palavras que pronunciaste, quando não mais conseguiram responder as interpelações que articulaste no auge da amargura. Não admitas estejam eles indiferentes ao teu caminho ou à tua dor.

Eles percebem quanto te custa a readaptação ao mundo e à existência terrestre sem eles e quase sempre se transformam em cirineus de ternura incessante, amparando-te o trabalho de renovação ou enxugando-te as lágrimas quando tateais a lousa ou lhes enfeitas a memória perguntando por quê.

Pensa neles com a saudade convertida em oração.

As tuas preces de amor representam acordes de esperança e devotamento, despertando-os para visões mais altas na vida. Quando puderes, realiza por eles as tarefas em que estimariam prosseguir e tê-los-ás contigo por infatigáveis zeladores de teus dias.

Se muitos deles são teu refúgio e inspiração nas atividades a que te prendes no mundo, para muitos outros deles és o apoio e o incentivo para a elevação que se lhes faz necessária.

Quando te disponhas a buscar os entes queridos domiciliados no Mais Além, não te detenhas na terra que lhes resguarda as últimas relíquias da experiência no plano material...

Contempla os céus em que mundos inumeráveis nos falam da união sem adeus e ouvirás a voz deles no próprio coração, a dizer-te que não caminharam na direção da noite, mas, sim, ao encontro de Novo Despertar.

Francisco Cândido Xavier/Emmanuel
Do livro Retornaram Contando

Ante os que partiram

Nenhum sofrimento, na Terra, será talvez comparável ao daquele coração que se debruça sobre outro coração regelado e querido, que o ataúde transporta para o grande silêncio.

Ver a névoa da morte estampar-se, inexorável, na fisionomia dos que mais amamos, e cerrar-lhes os olhos no adeus indescritível, é como despedaçar a própria alma e prosseguir vivendo.

Digam aqueles que já estreitaram de encontro ao peito um filhinho transfigurado em anjo da agonia; um esposo que se despede, procurando debalde mover os lábios mudos; uma companheira cujas mãos consagradas à ternura pendem extintas; um amigo que tomba desfalecente para não mais se erguer, ou um semblante materno acostumado a abençoar, e que nada mais consegue exprimir senão a dor da extrema separação, através da última lágrima.

Falem aqueles que, um dia, inclinaram-se, esmagados de solidão, à frente de um túmulo; os que se rojaram em prece nas cinzas que recobrem a derradeira recordação dos entes inesquecíveis; os que caíram, varados de saudade, carregando no seio o esquife dos próprios sonhos; os que tatearam, gemendo, a lousa imóvel, e os que soluçaram de angústia, no ádito dos próprios pensamentos, perguntando, em vão, pela presença dos que partiram.

Todavia, quando semelhante provação te bata à

porta, reprime o desespero e dilui a corrente da mágoa na fonte viva da oração, porque os chamados mortos são apenas ausentes, e as gotas de teu pranto lhes fustigam a alma como chuva de fel.

Também eles pensam e lutam, sentem a choram.

Atravessam a faixa do sepulcro como quem se desvencilha da noite, mas, na madrugada do novo dia, inquietam-se pelos que ficaram... Ouvem-lhes os gritos e as súplicas, na onda mental que rompe a barreira da grande sombra e tremem cada vez que os laços afetivos da retaguarda se rendem à inconformação ou se voltam para o suicídio.

Lamentam-se quanto aos erros praticados e trabalham, com afinco, na regeneração que lhes diz respeito.

Estimulam-te à prática do bem, partilhando-te as dores e as alegrias.

Rejubilam-se com as tuas vitórias no mundo interior e consolam-te nas horas amargas para que te não percas no frio do desencanto.

Tranquiliza-te, desse modo, os companheiros que demandam o Além, suportando corajosamente a despe-

dida temporária, e honra-lhes a memória, abraçando com nobreza os deveres que te legaram.

Recorda que, em futuro mais próximo que imaginas, respirarás entre eles, comungando-lhes as necessidades e os problemas, porquanto terminarás também a própria viagem no mar das provas redentoras.

E, vencendo para sempre o terror da morte, não nos será lícito esquecer que Jesus, o nosso Divino Mestre e Herói do Túmulo Vazio, nasceu em noite escura, viveu entre os infortúnios da Terra e expirou na cruz, em tarde pardacenta, sobre o monte empedrado, mas ressuscitou aos Cânticos da manhã, no fulgor de um jardim.

Francisco Cândido Xavier/Emmanuel
Do livro *Religião do Espíritos*.

※※※

E, por falar em Chico Xavier, o Brasil viveu a felicidade de ver a vida dessa notável criatura retratada no cinema com o filme *Chico Xavier*.

Sucesso de bilheteria, a produção conseguiu transmitir, na impecável interpretação dos atores, uma das virtudes mais expressivas de Chico: a humildade.

Mas igualmente retrata, embora de forma compacta e reduzida, esse aspecto consolador de sua vida que podemos chamar de *Mediunato*, conforme classificação de Kardec em *O Livro dos Médiuns*. É importante citar esse fato histórico do filme, no Brasil, porque, exatamente no centenário de Chico, o aspecto consolador do Espiritismo, demonstrando a imortalidade, veio a destaque na mídia, disseminando uma vez mais a realidade da vida humana: somos imortais.

Capítulo 29

TESTEMUNHO DE MÃE

TALVEZ A DOR MAIOR NUMA SEPARAÇÃO PELA MORTE esteja mesmo no coração de mãe. Selecionamos abaixo um depoimento de mãe para que possamos refletir na importância da fé e da fortaleza interior que todos precisamos construir no enfrentamento da aparente e momentânea separação física. A transcrição está adaptada*:

Existe uma palavra-chave para enfrentarmos com serenidade e equilíbrio a morte de um ente querido: submissão.

---

* Nota do autor: o presente capítulo está baseado na matéria *Joias devolvidas – Testemunho de mãe na desencarnação da filha exemplifica fé*, assinada por *Ana Elisabete da Costa de Castro*, em texto originalmente publicado na *Revista Internacional de Espiritismo* – edição de Abril de 2002 – da *Casa Editora O Clarim*, de Matão-SP

Ela exprime a disposição de aceitar o inevitável, considerando que, acima dos desejos humanos, prevalece a vontade soberana de Deus, que nos oferece a experiência da morte em favor do aprimoramento de nossa vida.

A conhecida mensagem "Joias Devolvidas", que Richard Simonetti colocou em seu livro "Quem tem medo da morte?", cujos dois primeiros parágrafos destacamos acima, foi distribuída no dia do velório e sepultamento de minha filha Ana Cláudia, vítima de um acidente de carro, quando voltava do serviço, foi um bálsamo aos corações que lá compareceram, dando-lhes a conformação tão necessária e importante para o Espírito que se desligava de uma curta passagem nesta encarnação.

Por volta das 3h15 do dia 18 de janeiro, fomos despertados pela campainha de casa e pela sirene de uma viatura policial.

Aí começava minha experiência e que, por sugestão amiga, passo a narrar. Num primeiro momento, veio-me ao pensamento a ideia de que fosse algum acontecimento com meu filho. Rapaz de 22 anos, que se expõe muito mais na madrugada, por razões de serviço, por ficar um pouco mais com a namorada, enfim, coisas da juventude. Porém, logo em seguida, de forma bem consciente, eu mesma respondi – não, é com a Maria Cláudia.

Nesse momento, meu marido já vinha subindo a escada, pálido, e me dizendo ter uma notícia desagradável. Um acidente e... de pronto lhe disse: com a Ana Cláudia.

– Sim, é ela...

Uma forte emoção tomou conta de nós dois, mas eu sentia que precisava ir até o local do acidente. Insisti com o policial, que achava melhor não, pois, dizia ele, o quadro era assustador.

Castro, meu marido, já me conhecendo, não interpôs nenhum impedimento e, após comunicar o ocorrido ao meu genro, e também vizinho, saímos na própria viatura rumo ao local do desastre.

Durante todo o trajeto, eu sentia que precisava ir, eu precisava tirar minha filha dali, mesmo sabendo que ela já havia falecido.

Realmente, o quadro era terrível para uma mãe. Minha filha, já morta, presa às ferragens, aguardando que especialistas chegassem para poderem tirar o corpo.

Aproximei-me, calma, procurando, sempre em oração, a força para suportar aquele momento.

Segurei-lhe a mão e, acariciando seu rosto, escutava-a dizendo: – *Mãe, me ajuda, mãe, me ajuda!* Seu corpo inerte, mas eu sentia sua mão na minha. Comecei, então, a *Prece de Cáritas* e, em alguns segundos, interrompi, conversando com ela, passando-lhe o que havia acontecido, que procurasse se manter calma e que o socorro já estava presente. Sempre em um misto de oração e conversa, acariciando-lhe e sentindo-a, comecei a perceber a presença da espiritualidade em socorro a ela.

Fui percebendo-a mais calma na sua súplica, até que praticamente não a escutava mais. Acredito que, neste momento, os amigos espirituais encontraram a aceitação dela para o socorro, não sei se é bem essa a palavra – aceitação.

De forma bem forte, também senti no local a presença de meu pai, já desencarnado, e que tinha pela neta adoração, no que era correspondido.

Voltamos para casa, pois que lá já não podíamos mais fazer nada.

Em seguida, as comunicações aos parentes mais

próximos, o encaminhamento da situação junto à polícia, o corpo para o IML (Instituto Médico-legal), e lá, mais uma vez, senti a necessidade de, por um instante, estar a seu lado e, novamente, em voz alta, em prece, conversar com ela. Graças à compreensão do meu companheiro e também pela certa tranquilidade que me envolvia, me foi permitido pela autoridade médica que lá se encontrava e que, num primeiro momento, relutou em aceitar minha vontade.

Mais uma vez em casa, senti a ajuda da espiritualidade, intuindo-me a buscar uma mensagem que pudesse ser distribuída durante o velório. Lembrei-me de uma mensagem que consta do livro "Quem tem medo da morte?", de Richard Simonetti, e que, segundo consta no próprio livro, era aceita com boa receptividade, quando entregue em velórios em Bauru. Porém, a escolha recaiu sobre outra que me pareceu mais consoladora e aos que me conhecem sabem do quanto aprecio os ensinamentos através de historinhas, e esta, quando tinha a oportunidade de contá-la, era bem recebida – "Joias Devolvidas" e que consta do mesmo livro citado.

Seguiram-se as providências e as horas também

passavam. Chegando o corpo ao cemitério por volta do meio dia.

Procurava forças sempre na oração, eram os amigos e parentes chegando, alguns calmos, outros em prantos, reações de todos os tipos, até alguns curiosos.

Nesses momentos, pensava: Preciso tranquilizar minha filha, que pode não estar preparada para receber essas emoções.

Permaneci junto ao seu caixão, e, por algumas vezes que me afastava, por insistência de amigos, uma voz íntima pedia-me para voltar, que eles precisavam de mim ao seu lado. Era como se eu me afastando, ela relutasse de alguma forma. E ela era assim, em momentos difíceis ela se colocava ao meu lado e não desgrudava. Por ocasião do nascimento de sua filhinha, ela chamava tanto: – Quero minha mãe!, que o médico não teve outra alternativa senão abrir uma exceção e me chamar para ficar ao seu lado. E só então ela se acalmou um pouco e a criança nasceu. Mas voltando, por volta das quatro horas, eu ao seu lado, ora em prece, ora em conversa mental, comecei a ver uma luz de cor azul em seu peito. Esse azul foi se misturando a um prateado e se estendendo sobre a região do coração.

Uma projeção e luz muito bonita, e que me faltam palavras para descrever.

Nesse momento, acredito, a Espiritualidade conseguiu tirá-la dali, e, novamente, veio-me a necessidade e vontade de, em voz alta, fazer-lhe uma prece e, terminando a prece, sentindo que o Espírito se retirava, despedi-me de minha filha, que regressava ao plano espiritual, dando-lhe a certeza de meu amor, do meu carinho e tentando fazer-lhe entender que aquela separação era apenas momentânea, que estaríamos sempre unidas pelo pensamento e pelos laços de amor cultivados ao longo dos vinte anos de convivência,

Passado esse momento, já podia me afastar do ambiente, sem sentir o chamado. Durante todo o tempo do velório, uma música suave permaneceu na esperança de acalmar os que se achegavam e manter o ambiente numa vibração de conforto e bem-estar.

Por volta das 17 horas, senti que já poderíamos fechar a urna e antecipar o sepultamento, que nada mais havia para ser feito ali.

Agradeço de coração a presença de todos. O conforto foi muito grande e acredito que minha filha, Espírito de luz, foi instrumento de muitas lições para todos nós, e que, pouco a pouco, cada um saberá interpretá-la.

Agradeço ao meu marido, meu companheiro, que, embora muito abatido pela situação, respeitou minhas convicções, minha fé, dando-me total apoio e liberdade para agir.

Aos amigos que, compreendendo ou não o meu proceder, acompanharam-me nas preces e na despedida que fiz com o coração de mãe.

E, confiante e agradecida pelo socorro espiritual que ela, Maria Cláudia, recebeu, na madrugada seguinte, uma das mais longas que já tive, não conseguindo conciliar o sono, permanecia ligada ao Evangelho e às preces, tomada pelas lembranças, pelas recordações, acompanhando no relógio os minutos se passarem, torcendo para a chegada do amanhecer, ligada à filha tão querida, pedi à Espiritualidade, ao meu anjo guardião, que, se houvesse possibilidade, pudesse eu adormecer e que, nesse cochilo, pudesse estar com ela no Pronto-Socorro que a acolhera e que, se permitido, guardasse alguma lembrança desse encontro para tranquilizar o coração de mãe.

Passados alguns minutos, adormeci. "Sonhei" e

acordei feliz, até sorrindo. E, como havia pedido que ficasse em mim uma lembrança, veio, à minha mente, um quarto, à meia luz, uma cama ao fundo onde visualizava o corpo deitado, coberto por algo que não tem o branco do lençol-matéria, é como uma fumaça fina, uma cerração bem leve. Do alto, que não vejo teto, desce um véu (como esses mosquiteiros sobre os berços), de luz prateada, envolvendo-a. Lembro-me de que saí por um corredor de hospital, passando por um vidro grande à esquerda, visualizo um nenê e, ao seu lado, a mãe. Pergunto a quem me acompanha: - Aqui tem maternidade? - Sim, responde-me, aqui também tem maternidade. Passo por uma porta larga com as folhas num tom azul/verde, acordo feliz.

Hoje, tenho certeza do socorro prestado, de que ela está sendo assistida, que talvez não tenha ainda a compreensão do que lhe aconteceu, e me sinto calma. Não guardo qualquer sentimento de revolta pelo acontecido, nem pelos outros rapazes que estavam no carro. Pelo contrário, peço também socorro a eles, tão necessitados quanto minha joia que foi devolvida.

E esta paz que sinto está no conhecimento que encontrei quando tive a oportunidade de abraçar a

Doutrina Espírita. A consolação que sinto está na certeza de que Deus é realmente um Pai como nos ensinou Jesus. Pai de bondade, que deseja que nos acheguemos a ele por nossos próprios méritos. Doutrina que nos esclarece que estamos aqui em várias passagens para aprendermos a nos amar uns aos outros através da convivência, por vezes tumultuada, mas de grande riqueza para aqueles que souberem aproveitar a oportunidade. Que a morte não existe para o Espírito, que é eterno, é apenas mais uma das transformações a que estamos sujeitos e que as separações são apenas momentâneas e físicas, pois, através do pensamento, estamos sempre sintonizados uns aos outros.

Doutrina abençoada, que me deu a luz, o esclarecimento, a conformação diante de um momento ainda tão difícil para nós, todos nós.

Mensagem de Ana Cláudia

(Recebida pela psicografia no *Lar Espírita Cristão Aurélio Agostinho*, no dia 29 de janeiro de 2002, apenas 11 dias após o falecimento de minha querida Ana Cláudia, por ocasião da reunião de estudo e desenvolvimento mediúnico)

"Quando parti deste mundo, sofri muito, passei vários dias em repouso até entender que havia partido. Mãe querida, você muito me ajudou.

Hoje, pude estar aqui nesta Casa de Oração para dizer um pouco do muito que recebo neste maravilhoso mundo em que vivo.

Hoje, vejo você daqui e sinto sua presença. Vejo-a todas as noites ajoelhada no seu quarto orando por mim. Obrigada, mãe, pelas suas preces, elas me ajudam muito, estou feliz agora, mãe, e a amo cada vez mais. Que Deus a ilumine sempre.

Sua filha querida que lhe ama muito. Obrigada, Senhor, por estar aqui. Obrigada pelas preces."

Sei que pode esta mensagem ser questionada pelo fato de não haver mencionado nomes, porém a médium que a recebeu desenhou conforme suas possibilidades, de forma muito singela, as estrelas e o que, talvez, simbolizem raios de luzes. Desenhou também algumas flores. Realmente, eu tenho por hábito fechar somente a parte de vidro da porta balcão do quarto e, nesses dias seguidos ao acontecido, sentava-me na cama e, olhando para fora, orava a Jesus e aos bons amigos da Espiritualidade que acolhessem a minha filha e conversava com ela, pedindo-lhe calma e resignação quando tomasse conhecimento do ocorrido. Ao final das orações, pedia, e ainda peço, que uma chuva de pétalas perfumadas possa ser derramada sobre ela, e que, através do perfume exalado, ela sinta o meu amor, minha saudade, meu carinho.

Ana Elisabete da Costa de Castro
Bertioga, SP
(Publicado no Boletim GEAE, Número 438,
de 28 de maio de 2002)

* * *

A Mensagem:
JOIAS DEVOLVIDAS

Existe uma palavra-chave para enfrentarmos, com serenidade e equilíbrio, a morte de um ente querido: submissão.

Ela exprime a disposição de aceitar o inevitável, considerando que, acima dos desejos humanos, prevalece a vontade soberana de Deus, que nos oferece a experiência da morte em favor do aprimoramento de nossa vida.

A esse propósito, oportuno recordar antiga história oriental sobre um rabi, pregador religioso judeu que vivia muito feliz com sua virtuosa esposa e dois filhos admiráveis, rapazes inteligentes e ativos, amorosos e disciplinados.

Por força de suas atividades, certa vez o rabi ausentou-se por vários dias, em longa viagem. Nesse ínterim, um grave acidente provocou a morte dos dois moços.

Podemos imaginar a dor daquela mãe!... Não obstante, era uma mulher forte. Apoiada na fé e na inabalável confiança em Deus, suportou valorosamente o impacto. Sua preocupação maior era o marido. Como transmitir-lhe a terrível notícia?!... Temia que uma comoção forte tivesse funestas consequências, porquanto ele era portador de perigosa insuficiência cardíaca. Orou muito, implorando a Deus uma inspiração. O Senhor não a deixou sem resposta...

Passados alguns dias, o rabi retornou ao lar. Chegou à noite, cansado após longa viagem, mas muito feliz. Abraçou carinhosamente a esposa e foi logo perguntando pelos filhos...

— Não se preocupe, meu querido. Eles virão depois. Vá banhar-se, enquanto preparo o lanche.

Pouco depois, sentados à mesa, permutavam comentários do cotidiano, naquele doce enlevo de cônjuges amorosos, após breve separação.

— E os meninos? Estão demorando!...

— Deixe os filhos... Quero que você me ajude a resolver grave problema...

— O que aconteceu? Notei que você está abatida!... Fale! Resolveremos juntos, com a ajuda de Deus!...

— Quando você viajou, um amigo nosso procurou-me e confiou à minha guarda duas joias de incalculável valor. São extraordinariamente preciosas! Nunca vi nada igual! O problema é esse: ele vem buscá-las, e não estou com disposição para efetuar a devolução.

— Que é isso, mulher! Estou estranhando seu comportamento! Você nunca cultivou vaidades!...

— É que jamais vira joias assim. São divinas, maravilhosas!...

— Mas não lhe pertencem...

— Não consigo aceitar a perspectiva de perdê-las!...

— Ninguém perde o que não possui. Retê-las equivaleria a roubo!

— Ajude-me!...

— Claro que o farei. Iremos juntos devolvê-las, hoje mesmo!

— Pois bem, meu querido, seja feita sua vontade. O tesouro será devolvido. Na verdade, isso já foi feito. As joias eram nossos filhos. Deus, que no-los concedeu por empréstimo, à nossa guarda, veio buscá-los!...

O rabi compreendeu a mensagem e, embora experimentando a angústia que aquela separação lhe impunha, superou reações mais fortes, passíveis de prejudicá-lo.

Marido e mulher abraçaram-se emocionados, misturando lágrimas que se derramavam por suas faces mansamente, sem burburinhos de revolta ou desespero, e pronunciaram, em uníssono, as santas palavras de Jó:

"Deus deu, Deus tirou. Bendito seja o Seu santo nome."

(extraída do livro *Quem Tem Medo da Morte?*, Richard Simonetti,)

Capítulo 30

CÉU E INFERNO? PURGATÓRIO?

CÉU E INFERNO SÃO ESTADOS CONSCIENCIAIS E NÃO locais determinados e definidos. Na verdade, o arrependimento, o remorso, a vingança, o rancor, o medo criam ambientes desagradáveis, de sofrimentos impostos pela consciência culpada ou arrependida. Na mesma proporção, a alegria, o perdão, a paz de consciência, o amor ao próximo constroem ambientes felizes. Então, basta raciocinar que os afins se atraem e estão juntos naquilo que costumamos chamar de céu e inferno.

Um detalhe, porém, precisa ser destacado: o céu consciencial não é um comportamento de acomodação, de descanso eterno ou de inatividade. Ao contrário, os locais que reúnem almas pacificadas, a atividade no bem é incessante, na própria instrução e amparo aos demais irmãos em dificuldades. Da mesma forma, o inferno consciencial não é estado permanente, pois que o desejo sincero de melhora individual e de arrependimento abre as portas e os acessos de ajuda a quem deseja mudar de situação.

Allan Kardec publicou uma obra notável sobre o tema, que integra a Codificação Espírita, e recebeu o título exato de *O Céu e o Inferno*. Publicada em 1865, a obra está dividida em duas partes. A primeira delas com conteúdo doutrinário abordando temas como *O Céu, O inferno, O purgatório, Os anjos, Os demônios*, em capítulos próprios. E, na mesma primeira parte, encontramos ainda os excelentes capítulos *O futuro e o nada, Temor da morte, Intervenção dos demônios nas modernas manifestações e Da proibição de evocar os mortos*.

Mas não é só. Ainda na primeira parte, temos o dever consciencial de destacar ao leitor o importantíssimo capítulo VII: *As penas futuras segundo o Espiritismo*, que traz, entre seus três subtítulos, o monumental *Código Penal da Vida Futura*, que traz ao leitor uma visão geral das consequências e desdobramentos das imperfeições da alma. Os seus 33 itens, no que respeita ao futuro da alma, resumem a questão da felicidade ou da infelicidade da alma, em função de suas imperfeições morais, opções e decisões que adota em sua trajetória evolutiva.

Caminhando na análise do livro, o leitor encontra a segunda parte, que é composta e titulada de *Exemplos*, com 8 capítulos. Referidos exemplos trazem depoimentos de Espíritos, no plano espiritual, descrevendo a situação de felicidade ou de sofrimento. Assim é que ali comparecem Espíritos classificados e nominando cada capítulo na seguinte ordem: a) *Felizes* (capítulo II); *Em condições medianas* (capítulo III), *Sofredores* (capítulo IV); *Suicidas* (capítulo V); *Criminosos arrependidos* (capítulo VI); *Endurecidos* (capítulo VII); *Expiações terrestres* (capítulo VIII), além do importante capítulo I da citada segunda parte: *O passamento*.

No citado primeiro capítulo da segunda parte, Allan Kardec faz importante estudo sobre esse instante de transição entre a vida material e o retorno à vida espiritual, abordando a morte natural e a violenta, além de declarar com muita propriedade que

"(...) 8 – A causa principal da maior ou menor facilidade de desprendimento é o estado moral da alma. (...)", abrindo espaço enorme para nossas reflexões do quanto nossas opções morais facilitam ou dificultam o desprendimento da alma no processo de morte biológica do corpo.

Como nota o leitor, há muito que estudar. E tudo já se encontra disponível. Basta pesquisar, estudar, aprofundar-se na temática.

A mesma questão leva-nos ao *O Evangelho Segundo o Espiritismo*, em seu capítulo III – *Há muitas moradas na casa de meu Pai*, que aborda as diferentes categorias de mundos habitados, mas enquadra também os diferentes estados da alma na erraticidade, determinando situações de serenidade ou sofrimento no plano espiritual, sempre em função de nossas opções morais.

Para o leitor não habituado aos termos espíritas, é importante, ainda, esclarecer que erraticidade é o espaço entre as encarnações, para que não se tenha a equivocada ideia de que se trata de Espírito em erro.

Todavia, se mesmo assim, o medo persistir, remeto o leitor às questões 941 e 942 de *O Livro dos Espí-*

ritos, que estão tituladas pela expressão *Medo da Morte*, justamente para tratar do tema.

O leitor percebe que cito e indico várias fontes de consulta. Essa atitude é proposital. Nosso intuito, publicando essa como outras obras, é motivar o leitor a pesquisar e descobrir esse tesouro de conhecimentos que é a Doutrina Espírita, para que justamente liberte-se das falsas ideias de diabo e inferno, personagem e situação incompatíveis com o nível de raciocínio já alcançado pela humanidade.

Capítulo 31

Situações específicas: cremação, transplantes

Os dois polêmicos assuntos sempre estão nas cogitações intelectuais e nos debates de estudos. Valho-me dos capítulos *Cremação* e *Transplantes*, constante do livro *Quem tem medo da morte?*, de Richard Simonetti.

Afirma o lúcido autor:

"(...) se o Espírito estiver ligado ao corpo não sofrerá dores, porque o cadáver não transmite sensações ao Espírito, mas obviamente experimentará impressões extremamente desagradáveis, além do trauma decorrente de um desligamento violento e extemporâneo. (...)"

E destaca as valiosas observações do Espírito Emmanuel, constante do livro *O Consolador*, psicografia de Chico Xavier:

"Na cremação, faz-se mister exercer a caridade com os cadáveres, procrastinando, por mais horas, o ato de destruição das vísceras materiais, pois, de certo modo, existem sempre muitos ecos de sensibilidade entre o Espírito desencarnado e o corpo, onde se extinguiu o 'tônus vital', nas primeiras horas sequentes ao desenlace, em vista dos fluidos orgânicos que ainda solicitam a alma para as sensações da existência material".

E acrescenta ainda a observação de Chico Xavier, em entrevista na TV TUPI, em 1971, no famoso *Pinga-Fogo*, que "deve-se esperar pelo menos setenta e duas horas para a cremação, tempo suficiente, ao que parece, para o desligamento, ressalvadas as exceções, envolvendo suicidas ou pessoas muito presas aos vícios e aos interesses humanos".

Quanto aos transplantes, na mesma obra, considera o autor:

"(...) Normalmente, o ato cirúrgico não implica em dor para o desencarnante. Como já comentamos, a agonia impõe uma espécie de anestesia geral ao moribundo, com reflexos no Espírito, que tende a dormir nos momentos cruciais da grande transição. Ainda que conserve a consciência, o corpo em colapso geralmente não transmite sensações de dor. Não há também reflexos traumatizantes ou inibidores no corpo espiritual, em contrapartida à mutilação do corpo físico. O doador de olhos não retornará cego ao Além. Se assim fosse, que seria daqueles que têm o corpo consumido pelo fogo ou desintegrado numa explosão? A integridade do perispírito está intimamente relacionada com a vida que levamos e não ao tipo de morte que sofremos ou à destinação de nossos despojos carnais (...)"

O assunto envolve outras importantes questões, como a ética, as definições mais claras da Medicina em alguns pontos ainda em estudo.

É preciso dar tempo ao tempo.

Capítulo 32

VELÓRIOS

Muitas vezes, falei em velórios para exaltar a vida e dizer da continuidade da mesma, baseado nos ensinos que recebi da Doutrina Espírita.

A circunstância sempre me comove intensamente. Fico a pensar na dor dos que ficam, atingidos pela separação. Fico a pensar na transformação natural da vida de quem parte para novas experiências e continuidade da própria vida.

O conforto do pensamento espírita, todavia, sempre foi fonte de inspiração e fortaleza nesses instantes de dor para todos, inclusive para aqueles que usam a palavra. Sabemos da imortalidade, mas o sentimento do momento, envolvido pelo clima de comoção, igualmente nos atinge.

Vivi uma experiência inesquecível quando da desencarnação de meu pai, Roberto Pasqual Carrara. Eu e meu pai somos muito amigos. E digo somos porque a vida continua. Embora o tenha citado em páginas anteriores, retorno o assunto porque há algo mais que desejo acrescentar.

É que nunca brigamos, nunca discutimos e não tivemos qualquer motivo de arrependimento ou remorso no relacionamento entre pai e filho. Quando ele partiu, minhas reflexões se acentuaram durante o velório.

Percebi o quanto foi importante não termos guardado qualquer mágoa um do outro, o quanto foi vital para ambos – ele, naquele instante, partindo, e eu permanecendo para novas experiências –, seguirmos cada qual seu caminho e, mantendo no mesmo nível de amizade, carinho, respeito e amor, a experiência vivenciada na presente existência da condição de pai e filho.

Claro que ele levou consigo seus questionamentos interiores, como eu permaneço com os meus, necessitados ambos de novos aprendizados, como qualquer Espírito em evolução, mas, no tocante ao relacionamento entre eu e ele, nos sentimos livres e em plena sintonia de entendimento e afinidade espiritual.

Isso é que determina, pelo menos no que se refere ao meu caso – tenho outros irmãos e não sei aferir o nível de relacionamento espiritual deles com meu pai – uma situação de tranquilidade e equilíbrio no plano espiritual, face à sintonia que mantemos. Mas, claro, há outras questões individuais próprias dele mesmo que desconheço – como ocorre com qualquer um de nós – e que igualmente determinam, nesse conjunto de fatos e situações, a experiência feliz ou infeliz no plano espiritual.

Mas, referindo-nos especificamente aos velórios, nossas atitudes humanas em velórios são de lamentar. Diálogos improdutivos, anedotas, desrespeito com o cadáver, etc.

O mesmo escritor Richard Simonetti, já citado, no mesmo livro referido em capítulos anteriores, o *Quem tem medo da Morte?* , cita a experiência de Bauru, onde foi distribuído, durante algum tempo, o texto de autoria do mesmo escritor, com o título *Em favor dele*, referindo-se ao respeito ao desencarnante. Referido texto, de muita utilidade e grande reflexão, consta igualmente do livro em referência, que conclui com o significativo parágrafo:

"(...) Lembra-te de que um dia também estarás de pés juntos, deitado numa urna mortuária e, ainda preso às impressões da vida física, desejarás, ardentemente, que te respeitem a memória e não conturbem teu desligamento, amparando-te com os valores do silêncio e da oração, da serenidade e da compreensão, a fim de que atravesses com segurança os umbrais da Vida Eterna..."

Capítulo 33

A CONTRIBUIÇÃO DOS ESPÍRITOS ANDRÉ LUIZ E EMMANUEL

O CONHECIDO ESPÍRITO ANDRÉ LUIZ, PSEUDÔNIMO utilizado por um dos Espíritos que se utilizaram da mediunidade de Chico Xavier, transmitiu toda uma coleção de livros – que ficou conhecida com a *Série André Luiz* –, relatando sua experiência pessoal nos aprendizados além-túmulo.

Iniciando com o livro *Nosso Lar*, seguiu-se uma série de outros extraordinários livros, com relatos e diálogos da experiência vivida pelo citado Espírito após a desencarnação. Embora classificados como romance no mercado livreiro espírita, toda a série constitui valioso patrimônio cultural doutrinário, que, não tenhamos dúvida, será ainda estudada em universidades, face ao conteúdo de alto nível científico, filosófico e moral, demonstrando a experiência própria do autor e de outros Espíritos com os quais ele teve oportunidade de aprender e observar reações, comportamentos e vivências, entre necessitados, benfeitores, instrutores e mesmo agressivos Espíritos que ainda se mantém na ignorância e na perversidade.

Mas o tema morte foi amplamente estudado por André, em livros como *Obreiros da Vida Eterna*, *Entre a Terra e o Céu* e *E a vida continua...*

André ainda oferece um famoso caso de reencarnação e constante do livro *Missionários da Luz*, no capítulo *A reencarnação de Segismundo*.

No caso de *E a vida continua*, os personagens Ernesto e Evelina vivem situação idêntica de terem desencarnado, estarem amparados no mesmo hospital espiritual e não perceberem que já haviam feito a grande transição. Igualmente no livro *Obreiros da Vida Eterna,* há a descrição de quatro casos de desencarnação, amparados pelos benfeitores espirituais, e que André tem oportunidade de acompanhar. São lições e livros cheios de ensinamentos e reflexões de grande valor.

Muitos dos livros de André Luiz são motivos das palestras elaboradas pelo Projeto Imagem e que o leitor pode conhecer no site www.projetoimagem.com.br , entre outras de outros autores igualmente.

Da mesma forma, o Espírito Emmanuel, em seus extraordinários livros, exaltou a imortalidade como ninguém, sempre destacando aspectos importantes que liguem a imortalidade da alma à necessidade de renovação que todos apresentamos. Seus incomparáveis romances clássicos, históricos do Cristianismo nascente, são autênticos relatos de imortalidade, no sacrifício dos cristãos, na fé espontânea e real.

O caso de *Nosso Lar*, por exemplo, de André Luiz, é também motivação para filme, que vem declarar exatamente essa continuidade plena de vida em toda parte.

E, já que citamos Emmanuel, num livro que fala de imortalidade, não posso dispensar pequenos trechos dos prefácios de Emmanuel:

    a) No livro *Nosso Lar*: "(...) André Luiz vem

contar a você, leitor amigo, que a maior surpresa da morte carnal é a de nos colocar face a face com a própria consciência, onde edificamos o céu, estacionamos no purgatório ou nos precipitamos no abismo infernal; vem lembrar que a Terra é oficina sagrada, e que ninguém a menosprezará, sem conhecer o preço do terrível engano a que submeteu o próprio coração (...)"

b) Em *Obreiros da Vida Eterna*: "(...) Ninguém morre. O aperfeiçoamento prossegue em toda parte. (...)".

E o próprio André Luiz, em seu *Nosso Lar*, declara: "A vida não cessa. A vida é fonte eterna e a morte é o jogo escuro das ilusões (...)".

Mas o que aqui está é mínimo diante da grandeza literária produzida pelos dois Espíritos citados. Um tesouro que aguarda nossa pesquisa, nosso estudo.

Capítulo 34

NA MORTE

No capítulo 30 do excelente livro *Depois da Morte*, de Léon Denis – obra já citada em outro capítulo –, com o significativo título *A hora derradeira,* traz informações que devem merecer nossa atenção.

Escreve o célebre escritor:

"(...) Dolorosa, cheia de angústia para uns, a morte é para outros apenas um sono suave seguido de um despertar agradável. O desprendimento é rápido, a passagem fácil, para aquele que cumpriu seus deveres, desvencilhou-se previamente das coisas desse e aspira aos bens espirituais. Há, ao contrário, luta, agonia prolongada no Espírito apegado à Terra, que só conheceu os prazeres materiais e negligenciou preparar-se para a partida. Em todos os casos, entretanto, a separação da alma e do corpo é seguida de um tempo de perturbação, fugitivo para o Espírito justo e bom, que desperta logo ao ponto de abranger anos inteiros, para as almas culpadas, impregnadas de fluidos grosseiros. (...)"

Notem os leitores que o segredo está no comportamento que adotamos durante a vida, libertando-nos de crendices dispensáveis e de sentimentos que aprisionam como a inveja, o apego, o ciúme, a vingança e seus derivados.

Prossegue, todavia, o grande filósofo e autor clássico:

"(...) A hora da separação é cruel para o Espírito que crê no nada. Agarra-se com desespero a essa vida que lhe foge; a dúvida nele se insinua nesse momento supremo; vê um mundo terrível abrir-se como um abismo e gostaria de retardar o instante de sua queda. (...)".

O oposto, porém, para o homem justo e que procura ser bom, também está apresentado por Denis:

"(...) Pacífica, resignada, alegre mesmo, é a morte do justo; é a partida da alma que, tendo lutado muito e sofrido nesse mundo, deixa a Terra, confiante no futuro. Para ela, a morte não é senão a libertação, o fim das provas. (...)".

A clareza do texto desse autor está em todas as linhas do citado capítulo. Para concluir, todavia, evitando longas transcrições, destacamos:

"(...) A entrada na outra vida causa impressões tão variadas quanto a situação moral dos Espíritos. Aqueles – e o número é grande – cuja existência se desenvolve indecisa, sem faltas graves nem méritos notáveis, encontram-se mergulhados, primeiro, num estado de torpor, num abatimento profundo; depois, um choque vem sacudir seu ser. O Espírito sai lentamente do seu invólucro: recupera sua liberdade, mas, hesitando, tímido, não ousa usá-la ainda e permanece preso pelo temor e o hábito aos lugares onde viveu. Continua a sofrer e a chorar com aqueles que partilharam da sua vida. O tempo corre para ele sem que o perceba; com o tempo, outros Espíritos o assistem com seus conselhos, ajudam-no a dissipar sua perturbação, a libertar-se das últimas correntes terrestres e a elevar-se para meios menos obscuros. (...)"

Tais informações não devem atemorizar, mas antes alertar-nos para a imperiosa necessidade de nos renovarmos nas atitudes, nas decisões do bem, na coragem de agir para o próprio progresso, pois que é exatamente isso que vai trazer o equilíbrio nos instantes imediatos e posteriores após a morte.

Diz ainda o mesmo autor:

"(...) Em geral, o desprendimento da alma é menos penoso em consequência de uma longa doença, tendo esta por efeito desatar pouco a pouco os laços carnais. As mortes súbitas, violentas, que sobrevém quando a vida orgânica está na sua plenitude, produzem uma dilaceração dolorosa sobre a alma, lançando-a numa perturbação prolongada. Os suicidas são presas dessas sensações terríveis. Eles experimentam, durante anos, as angústias da hora derradeira e reconhecem com pavor que apenas trocaram seus sofrimentos terrestres por outros mais vivos ainda. (...)".

Por essas considerações todas, conclui o mesmo autor com sabedoria:

"(...) O conhecimento do futuro espiritual, o estudo, as leis que presidem à desencarnação são de grande importância para a preparação para a morte. Eles podem atenuar nossos derradeiros instantes e tornar nosso desprendimento fácil, permitindo-nos reconhecer-nos mais rápido no mundo novo que nos é franqueado."

Capítulo 35

CHICO E DIVALDO

Os RESPEITÁVEIS E DEDICADOS MÉDIUNS CHICO Xavier e Divaldo Pereira Franco, ícones da mediunidade orientada pelo Espiritismo, no Brasil, oferecem muito conteúdo no estudo da imortalidade. Claro! Portadores da mediunidade educada e voltada para o bem se enquadram perfeitamente na classificação de *Mediunato*.

No *Vocabulário Espírita*, que Allan Kardec colocou em *O Livro dos Médiuns*, constante do capítulo XXXII da citada obra, ele define a palavra como *missão providencial dos médiuns*. A palavra foi usada pelo Espírito Joana D'Arc e consta do capítulo XXXI, mensagem XII, na mesma obra.

Essa missão providencial dos médiuns, por sua vez, pode ser entendida como dedicação ao bem e amor ao próximo, em sua mais alta expressão, na conquista da humildade e da convicção de serem instrumentos dos Espíritos benfeitores para o amparo aos necessitados, seja na área de assistência espiritual, em seu amplo sentido, ou na área da produção intelectual, por exemplo.

Note-se que ambos os médiuns enquadram-se perfeitamente nesta dedicação e amor ao próximo nas obras sociais desenvolvidas. Chico já retornou à Espiritualidade, deixando um rastro iluminado de exemplos. Divaldo continua seu trabalho, conhecido e respeitado.

Nem é preciso relatar dados biográficos e atuação no bem, pois que bem conhecidos. O destaque aqui, proposital, é para a obra consoladora que ambos os médiuns dedicaram suas vidas. Tanto na psicografia de consoladoras cartas de Espíritos aos familiares, como na obra intelectual de suas esclarecedoras obras, ampliando o conhecimento espírita.

Citando o notável amigo Divaldo, por exemplo, em suas incansáveis viagens de divulgação doutrinária, inclusive no exterior, o conforto de suas sempre lúcidas palavras tem sido um alto brado de imortalidade. As experiências comoventes que relata em suas palestras, a convivência com os Espíritos e o conforto de muitas de suas obras, além do extenso e significativo trabalho social em Salvador, credenciam-no plenamente ao *mediunato*.

A obra psicográfica de Chico, igualmente, tem significado incomparável na exaltação da imortalidade. São conhecidas as longas noites de recepção de mensagens de Espíritos que se dirigiam aos familiares, confortando-os. Várias dessas mensagens se transformaram em livros de destaque.

São conhecidas as famosas obras *Jovens no Além* e *Somos Seis*, de grande repercussão. Também o filme *Joelma 23º. andar*, baseado em obra psicografada por Chico, comove pela naturalidade com que o tema vida depois da morte foi apresentado.

O que se nota, desde o advento da Doutrina Espírita, em 1857, é um esforço permanente de despertar a humanidade para essa realidade incontestável da imortalidade da alma.

Embora haja os que não aceitam, que criticam,

que combatem, isso não muda a realidade de que somos criaturas imortais, e todos, indistintamente, comprovaremos isso por nós mesmos, no devido tempo.

Porta-vozes dos benfeitores espirituais, Chico e Divaldo legaram um grande patrimônio cultural-doutrinário ao movimento espírita e uma vida de exemplos para todos nós, na humildade, na dedicação, no amor que vivem e demonstram.

Capítulo 36

SENTIMENTOS DE PERDA

TENHO OUVIDO VÁRIOS LAMENTOS DE PESSOAS QUE viveram a experiência da aparente perda de entes queridos pelo fenômeno biológico da morte.

Natural que isso ocorra. Não é fácil se separar de alguém querido após anos de convivência. Mães e filhos, pais e filhos, cônjuges, amigos...

Apesar do sentimento de perda, a Doutrina Espírita *matou a morte*, porque a morte não existe. A separação é apenas física e momentânea, visual mesmo. Os laços de amor e afinidade entre os seres nunca se rompem.

Apesar da dor intensa e natural, é preciso compreendamos que o ser amado apenas partiu, mas continua vivo. Vivo e amando, sentindo saudades, e precisa da fortaleza e fé de quem ficou para igualmente seguir seu caminho.

Nosso choro ou revolta é como *navalha que corta o peito* de quem se foi, que recebe diretamente os sentimentos expressos pelas vibrações de revolta e dor. Nossa resignação ativa, aquela que confia e aguarda, é suave brisa a confortar os corações queridos que já partiram. É comum que os Espíritos amigos, para atenuar a saudade, promovam encontros no plano espiritual, enquanto o corpo dorme, ou permitam visitas de reencontros. Muitas vezes, não nos lembramos, mas elas são reais.

Diante da partida de entes amados, é o momento da fé. Tenho conversado com muita gente sobre a velha questão da morte, da dor da separação, do sentimento de perda. Para todos tenho indicado a exuberância do capítulo V de *O Evangelho Segundo o Espiritismo*. Especialmente o item 21 – *Perda de Pessoas Amadas – Mortes Prematuras,* já citado em outro capítulo precedente.

É que a morte costuma mesmo trazer muito sofrimento, mas a própria lógica indica a continuidade da vida.

Porém, nossa maior preocupação aqui não é tanto o consolo em si, pela separação de seres que se amam, mas antes a abordagem sobre o que nos espera após a morte. Para onde iremos? O que vamos fazer? O que nos aguarda?

No livro *Espíritos – Quem são? Onde estão? O que fazem? Por que nos procuram?*, também de minha autoria, o capítulo VII traz o título *Para onde vou?*.

Daquele capítulo vale transcrever um parágrafo: "(...) O local que vamos, com quem ficaremos, o que faremos, é determinado pela sintonia de nossos interesses e desejos. Nossa liberdade ou prisão no mundo espiritual é exclusivamente determinada pela conduta moral que adotamos na vida mental. (...)".

Essas considerações levam a outras constantes questões: *Posso ter notícias de quem já morreu?* Ou ainda *Como comunicar-me?*

Ambas as questões são capítulos do já citado livro, e transcrevo pequenos trechos em síntese:

a) "(...) A imortalidade da alma (...) é algo palpável. Sim, palpável pelo raciocínio. Basta pensar na inutilidade de toda esperança, de toda luta, de tantos vínculos de amor, se tudo se acabasse com a morte (...)"

b) "(...) Podemos ter notícias deles? Sim, podemos. É comum que enviem notícias através dos sonhos, das intuições. E, muitas vezes, pela mediunidade, em comunicações escritas ou verbais. Mas, neste caso, é preciso muito cuidado. Cuidado para não sermos enganados por médiuns charlatães, que tiram proveito da credulidade humana (...)".

c) "(...) A decisão de comunicar-se normalmente parte dos Espíritos. (...) Somente atenta observação e constatação de detalhes comprovatórios podem trazer essa convicção. (...) Nada de leviandade nesse campo, pois estamos lidando com inteligências livres, de vontades próprias e nada diferentes dos homens e mulheres do planeta, exceto o local onde habitam. (...)".

Por tudo isso, é importante estudar, pesquisar para conhecer.

A vida continua. Somos protagonistas dessa incrível e fascinante realidade.

Capítulo 37

SEMPRE O CONFORTO

HÁ UM CONFORTO ENORME AO CORAÇÃO, ESPECIALmente daqueles que viram seus entes queridos partirem mais cedo para a vida espiritual, notadamente nos casos de mortes inesperadas, doenças terminais, acidentes violentos e, principalmente, de filhos em tenra idade ou na juventude.

Chico Xavier trouxe esse conforto a muita gente. Os milhares de cartas que psicografou de pais que confortam filhos ou filhos que confortam pais emocionaram muitas pessoas, seja no momento da recepção e leitura pública ou mesmo por meio de filmes, peças teatrais e livros marcantes de sua produção mediúnica, entre eles os notáveis *Jovens no Além* e *Somos Seis*.

Igualmente marcantes foram as produções dos filmes *Joelma 23º. andar*, trazendo relatos de vítimas com descrições do lamentável incêndio em São Paulo, e o *Chico Xavier*, produzido em homenagem ao centenário de nascimento e lançado exatamente no dia 2 de abril de 2010, data que se comemorou os 100 anos do médium. Aliás, ambas as produções ficaram excelentes, com marcante mensagem de esperança e fé, para novamente destacar a imortalidade da alma. É sempre emocionante constatar esse esforço dos Espíritos em trazerem a luz da imortalidade.

Pessoalmente, tive a oportunidade de presenciar um fenômeno de gravação de voz de um Espírito e, apesar do conhecimento e do constante estudo sobre a temática, não pude conter a emoção, ao constatar o fenômeno real da comunicação instrumental, em condições previamente estabelecidas para evitar fraude. É mesmo emocionante verificar a imortalidade, ainda que invisível aos pobres olhos carnais, cegos na maioria das vezes para a realidade do Espírito. E essa constatação da imortalidade pelo raciocínio, mais que pela visão, audição ou tato, é algo empolgante porque a afirmação de Kardec, no item VI da *Conclusão* de *O Livro dos Espíritos,* deixa perceber isso com clareza. Acompanhemos o raciocínio do Codificador:

"(...) Sua força está em sua filosofia, no apelo que faz à razão e ao bom senso. (...) Ele quer ser compreendido por todos (...). Não reclama uma crença cega, mas quer que se saiba porque se crê (...)".

É exatamente esse convite ao raciocínio que nos faz ver que não há sentido em se pensar em situações de céu ou inferno definitivo, ou extinção da vida, ou ainda separação eterna gerando sofrimentos nos que se amam. Não! Não há qualquer lógica nisso. A vida continua bela e progressiva.

Não é muito mais lógico raciocinar em termos de uma continuidade natural, em locais de refazimento, estudo e progresso, junto a outras criaturas queridas, sem qualquer perda dos laços e bagagens alimentados durante a vida?

Pois aí está a Doutrina Espírita para nos fazer compreender isso com naturalidade. Seus princípios fundamentais, desdobrados em inesgotáveis temas e fontes de estudos para debates, congressos, livros, conferências, encontros e reflexões individuais ou grupais, convidam simplesmente a pensar. E pensar em termos de imortalidade é abrir horizontes imensos de entusiasmo e alegria, pela simples e valiosa oportunidade de viver para sempre.

Capítulo 38

RELACIONANDO TÓPICOS

EM TERMOS PRÁTICOS, GENÉRICOS, PODEMOS, POIS, atendendo o objetivo da presente obra em popularizar a abordagem para que seja acessível ao grande público, relacionar alguns tópicos essenciais:

a) Iremos para regiões espirituais com as quais sintonizamos pelo pensamento e pelo sentimento. Todos somos sempre amparados pelos Benfeitores Espirituais, mas nossa localização dos primeiros tempos no plano espiritual é determinada pelo padrão moral que adotamos durante a vida e que cria a sintonia de ambiente;

b) O que acontece realmente com a morte

é que o corpo físico é uma máquina orgânica com tempo limitado de funcionamento e vida, como já bem delineado pela medicina. Por mais longa que seja a vida, a desagregação no funcionamento dos órgãos e sistemas é inevitável e chegará um dia que teremos que devolver o instrumento corpóreo à natureza. Nem é preciso descer aos detalhes da decomposição do corpo, pois que isto foge aos objetivos da obra. Mas a morte é meramente a destruição natural e gradativa do arcabouço físico;

c) Referida destruição, muitas vezes, é antecipada pela nossa precipitação ou prolongada em virtude de méritos e cuidados com a saúde. Mas o Espírito prevalece sobre o corpo, e este, mesmo destruído por acidentes, enfermidades ou velhice, não afeta a integridade imortal do Espírito;

d) O corpo físico é planejado e formado para atender aos programas provacionais ou expiatórios do Espírito, além de atender suas necessidades evolutivas, mas tem um tempo limitado de vida. Destruído o corpo, a alma retoma sua liberdade e estado natural, prosseguindo seu progresso para, posteriormente, ocupar outro corpo, em novas experiências de aprendizado, o que vai se repetir quantas vezes forem necessárias até a conquista da perfeição;

e) Os cuidados com o corpo, sua preservação e respeito com o valioso instrumento estão nos deveres que todos temos para com as oportunidades de aprendizado;

f) Iremos para locais seguros, aconchegantes, continuando os aprendizados. Poderemos permanecer algum tempo, que varia muito, em situação desagradável e com sofrimentos e até em locais desconfortáveis, mas sempre chegará o tempo de sermos amparados. A bondade dos Espíritos é muito grande, mas receber esse amparo vai depender muito de nossa sintonia mental e disposição na alteração de conduta;

g) Quem irá nos receber? Serão nossos amores, sem dúvida, nossos instrutores. Mas o detalhe está que nem sempre estaremos em condições de perceber a presença desses benfeitores que nos buscam. Nossa perturbação, causada pelos medos e condicionamentos. A propósito dessa questão específica, sugiro ao leitor conhecer a *Série André Luiz* (livros que descrevem a experiência do autor, que assinou com pseudônimo), onde há várias descrições. Igualmente, nos romances clássicos de Emmanuel e nos livros das mensagens de desencarnados, também psicografadas por Chico, há descrições detalhadas dessa recepção, como ocorre também na segunda parte do livro *O Céu e o Inferno*;

h) O que se percebe, com clareza, na literatura espírita e mesmo nas comunicações em reuniões mediúnicas é que a honestidade, o comportamento saudável na moral, o amor ao próximo principalmente – que gera gratidão dos beneficiados – e os esforços de autoaprimoramento são decisivos para um estado de felicidade no plano espiritual;

i) Fazer o bem, praticar a humildade, esforçar-se para melhorar continuamente em todos os aspectos, confiar em Deus são requisitos de bem aventurança no plano espiritual. E o mais interessante é que estas posturas nos sintonizam com nossos amigos espirituais, que, normalmente, acompanham-nos durante a vida, estimulando-nos o conhecimento e os aprendizados necessários;

j) Portanto, o medo da morte não se justifica. A morte não existe, pois somos imortais. E, diga-se de passagem, a imortalidade é um dos princípios básicos de nossa querida Doutrina Espírita.

Capítulo 39

CHAVE DO CÉU

A GRANDE PERGUNTA OU DÚVIDA QUE SEMPRE ESTÁ NA mente, gerando o medo da morte, é mesmo o enfrentamento do desconhecido.

Porém, esse desconhecimento já não tem razão de ser. Os próprios Espíritos vieram descrever sua situação na vida espiritual. O assunto já não é ignorado e já não podemos igualmente alegar ignorância, pois as notícias são abundantes. Os próprios acontecimentos da vida humana têm levado a uma busca incessante de respostas. Livros e filmes, peças teatrais e a realidade da vida humana indicam esse caminho de imortalidade, estimulando os questionamentos e reflexões.

Mas há sempre os questionamentos: para onde vamos, como será a passagem, e quem vai nos receber? Isso sem dizer dos que nem querem pensar no assunto, por medo mesmo.

Existe uma chave!

Sim, a chave do céu?!

Claro, se a preocupação é com o que virá depois, nada melhor do que se preparar para isso, conhecendo o assunto.

Para conhecer o assunto, basta ler o incomparável *O Livro dos Espíritos* e outras obras citadas ao longo do livro.

Mas ainda a chave!

Ela está em *O Evangelho Segundo o Espiritismo*, em mensagem assinada por Vicente de Paulo. Isso mesmo. É o item 12 do capítulo XIII.

Diz o nobre Espírito:

"12. Sede bons e caridosos, essa a chave dos céus que tendes em vossas mãos; toda a felicidade eterna está encerrada nesta máxima: Amai-vos uns aos outros. A alma não pode se elevar nas regiões espirituais senão pelo devotamento ao próximo; ela não encontra felicidade e consolação senão nos impulsos da caridade; sede bons, sustentais vossos irmãos, deixai de lado a horrível chaga do egoísmo; esse dever cumprido vos deve abrir o caminho da felicidade eterna. De resto, quem dentre vós não sentiu o coração pulsar, sua alegria interior se dilatar à narração de um belo devotamento, de uma obra verdadeiramente caridosa? (...)"

A mensagem completa é belíssima e recomendo-a ao leitor, para evitar transcrições. Note, todavia, o leitor, que é exatamente a bondade que nos abrirá caminhos suaves e luminosos na vida após a morte e desde já, na presente existência.

É ela, a caridade, em seu amplo sentido – além da simples doação material – que propicia o "se elevar nas regiões espirituais", como indica a mensagem. Claro, o egoísmo nos prende à materialidade, à rudeza dos interesses terrenos. Nada mais lógico e coerente, pois.

Para habitarmos regiões espirituais felizes após a morte do corpo, para estarmos em companhia de nossos amados, em equilíbrio e com serenidade, haveremos de também construir a serenidade que necessitamos. Essa serenidade é fruto do esforço pessoal. É esta fé operante, podemos assim dizer, que tranquiliza a passagem e constrói o ambiente equilibrado e feliz após a morte.

Diante das transformações todas, porém, que a humanidade enfrenta, sugiro ao leitor que acesse ao site www.mensajefraternal.org.br e, já na página inicial, procure programas, disponíveis (trata-se do Programa *Alimento para a Alma*). Na lista de programas, selecione e veja os programas 131 a 134, intitulados *Preparado para o Futuro?* – partes I a IV –, que justamente abordam essa intensa transformação social da humanidade, incluindo naturalmente o processo de morte e o estado no plano espiritual. Outros programas que também podem ali ser encontrados têm referência específica com a desencarnação, e que o leitor igualmente pode aproveitar. Aliás, o leitor vai se surpreender com o conteúdo do site. Mas os programas indicados serão de grande validade para o raciocínio do presente capítulo.

Meu maior propósito, leitor amigo, é que você perca o medo da morte, mas se instrua a respeito. A vida é valiosa demais para ser desprezada. Precisamos respeitar a vida, vivê-la e senti-la como oportunidade incomparável de aprendizados.

Muita gente acha difícil o livro *Memórias de um Suicida*, de Yvonne do Amaral Pereira, mas a obra – gigantesca, sim, em instruções – apenas retrata a experiência difícil e equivocada de quem desprezou a vida, com as consequências e desdobramentos próprios do ato suicida.

Por outro lado, o conforto oferecido pela literatura espírita, demonstrando, com fatos, descrições e depoimentos, a situação no plano espiritual e mesmo a experiência viva das comunicações que ocorrem nos Centros Espíritas, nas chamadas reuniões mediúnicas, falam de maneira a oferecer vasto material para reflexão e estudo, sobre essa realidade maravilhosa da Imortalidade da Alma, princípio básico do Espiritismo.

Capítulo 40

TODO MUNDO VAI MORRER

A EXPRESSÃO QUE INTITULA O PRESENTE CAPÍTULO TEM sentido apenas para o ponto de vista físico, biológico mesmo. Refere-se à única certeza da vida humana, fisicamente considerada: todos deixaremos o corpo de carne pelo fenômeno biológico da morte. Notem os leitores que todos os que habitamos corpos de carne, biologicamente, fisicamente, seremos cadáveres um dia. Não sabemos quando, mas isso é realidade incontestável que ninguém pode fugir. Todavia, há o detalhe fundamental de que *não somos* o corpo, *estamos* no corpo. Somos seres imortais, destinados à construção da própria felicidade por esforços que igualmente devem ser nossos.

Costumo dizer em minhas palestras, e isto é uma opinião individual do autor, que a imortalidade da alma é dos maiores presentes que recebemos de Deus. Já imaginaram os leitores o que isso significa? Não perdemos nada do que vamos adquirindo pela experiência e pelo acúmulo de conhecimentos, e, a cada conquista, vão se ampliando os horizontes, em todos os sentidos.

Se hoje alcançamos o atual estágio de progresso intelectual, com todo o conforto que a tecnologia já oferece, conseguimos imaginar o que vem pela frente? Não, porque são conhecimentos que se acumulam e vão abrindo enormes perspectivas de outros progressos. Todavia, são saltos acumulativos, cada vez mais, em todas as áreas.

Quem imaginava os benefícios do celular, da internet, das facilidades de comunicação e cultura hoje disponíveis? A evolução das ideias, dos costumes, a ampliação da solidariedade, o progresso da medicina, da odontologia, da psicologia, da literatura... Nossa! Nem conseguimos relacionar tudo que aí está.

Falta-nos agora aprimorar a moral, investirmos mais em nossa mudança de comportamento para que prevaleçam a solidariedade, o respeito amplo, a fé racional e outros valores morais. Mas, apesar da fragilidade ainda existente no campo moral, muitos saltos de progresso já foram alcançados. Hoje já há despertamento para a consciência ambiental, os horizontes da educação tomaram rumos inesperados, a compaixão se faz mais presente e vários outros valores integram o patrimônio e as conquistas morais da humanidade.

A própria morte do corpo perdeu muito do lado fúnebre para expor-se mais à pesquisa e à divulgação da imortalidade, especialmente através de filmes, teatros e livros, ainda que não espíritas.

A curiosidade popular promove a produção de novelas e filmes com temática que aborde a imortalidade e a comunicabilidade dos Espíritos. Tudo isso é evolução das ideias, é amadurecimento da mentalidade humana.

Claro! Percebeu-se que a extinção do ser é incoerente com a grandeza e bondade de Deus. E, mesmo para os que se consideram ateus, a própria lógica da vida indica que viveremos para sempre, aprendendo continuamente para construir a própria felicidade, e que a imortalidade é um hino de gratidão e alegria para com a vida abundante que nos envolve.

E isso é tão claro quando nos debruçamos para

ler e estudar Kardec. Quando paramos para refletir nas anotações dos evangelistas que registraram as palavras de Jesus. Sempre a valorização do ser, sempre a vida abundante e a indicação das oportunidades de aprendizado e crescimento.

Então, por que nos entregarmos às dúvidas?

Muita gente questiona, tem curiosidade. Isso é salutar, mas não devemos ficar na superfície. É preciso mesmo formar a base racional da crença e do entendimento dessas afirmações e estudos.

Para onde vamos? Como é depois da morte? Quem vai nos receber?

Poderemos circular livremente? Teremos lazer? Conservamos nossas conquistas? E os nossos relacionamentos, como ficam?

E nossos amados que partiram antes? Onde estão? O que fazem?

E os Espíritos, quem são, onde estão, o que fazem?

São perguntas e perguntas, todas podendo ser respondidas.

Por que o medo da morte? Não há razões para isso. A morte não é aquele episódio triste de destruição. A morte é passaporte para a vida!

BIBLIOGRAFIAS E SUGESTÕES DE LEITURA

OBRAS BÁSICAS, *Allan Kardec*, IDE Editora

O Livro dos Espíritos
O Evangelho Segundo o Espiritismo
O Céu e o Inferno
O Livro dos Médiuns
A Gênese

CD – ROM A Codificação, FEB Editora

ABORTO À LUZ DO ESPIRITISMO, *Eliseu Motta Junior*, O CLARIM.
CRIANÇAS NO ALÉM, *Chico Xavier/Espírito de Marcos*, GEEM.
DEPOIS DA MORTE, *Leon Denis*, Editora CELD.
ENTENDER CONVERSANDO, *Chico Xavier/Emmanuel*, IDE.
ENXUGANDO LÁGRIMAS, *Chico Xavier/Elias Barbosa/Espíritos Diversos*, IDE.
ESTAMOS NO ALÉM, *Chico Xavier/Hércio M. C. Arantes/Espíritos Diversos*, IDE.
JOVENS NO ALÉM, *Espíritos diversos/Chico Xavier*, GEEM
LIÇÕES DE SUICIDA, *Abel Sidney*, Editora ALLAN KARDEC.
MEMÓRIAS DE UM SUICIDA, *Yvonne do Amaral Pereira*, FEB.
O CONSOLADOR, *Chico Xavier/Emmanuel*, FEB.
PARA NÃO PERDER A VONTADE DE VIVER, *Jamiro dos Santos Filho*, IDE
PENA DE MORTE E CRIMES HEDIONDOS À LUZ DO ESPIRITISMO, *Eliseu Motta Junior*, O CLARIM.
QUEM TEM MEDO DA MORTE, *Richard Simonetti*, Editora CEAC.
RELIGIÃO DOS ESPÍRITOS, *Chico Xavier/Emmanuel*, FEB Editora.
RESSURREIÇÃO E VIDA, *Yvonne do Amaral Pereira*, FEB Editora.
RETORNARAM CONTANDO, *Xavier/Hércio M. C. Arantes/Espíritos Diversos*, IDE editora.
SOMOS SEIS, *Espíritos Diversos/Chico Xavier*, Editora GEEM
TENTE OUTRA VEZ, *Jamiro dos Santos Filho*, Mythos Books
VOLTEI, *Chico Xavier/Espírito Irmão Jacob*, FEB Editora.

SÉRIE ANDRÉ LUIZ, *Chico Xavier / André Luiz*, FEB

Nosso Lar
Os mensageiros
Missionários da Luz
Obreiros da Vida Eterna
No Mundo Maior
Agenda Cristã
Libertação
Entre a Terra e o Céu
Nos Domínios da Mediunidade
Ação e Reação
Evolução em Dois Mundos
Mecanismos da Mediunidade
Conduta Espírita
Sexo e Destino
Desobsessão
E a Vida Continua...

FILMES

Chico Xavier
Joelma 23º andar
As mães de Chico Xavier

idelivraria.com.br

Pratique o "Evangelho no Lar"

Aponte a câmera do celular e faça download do roteiro do **Evangelho no lar**

Ide editora é nome fantasia do Instituto de Difusão Espírita, entidade sem fins lucrativos.

◯ ideeditora   f ide.editora   ◯ ideeditora

◀◀ DISTRIBUIÇÃO EXCLUSIVA ▶▶

boanova editora

📍
Av. Porto Ferreira, 1031 | Parque Iracema
CEP 15809-020 | Catanduva-SP
📞 17 3531.4444   ◯ 17 99777.7413

◯ boanaved
▶ boanovaeditora
f boanaved
🌐 www.boanova.net
✉ boanova@boanova.net

Fale pelo whatsapp

Acesse nossa loja